まつりは守れるか

無形の民俗文化財の保護をめぐって

石垣 悟

編著

八千代出版

は じ め に

　本書は、地域社会に伝承されてきたまつり（伝統的な祭り行事や民俗芸能などをまとめて本書では「まつり」という）を未来に継続・継承（再開・復活、中止・中断を含む）する意義と可能性について、民俗学をはじめとした様々な立場から検討を試みたものである。

　21 世紀に入って 20 数年。まつりの危機が叫ばれて久しい。実際、衰滅したまつりも少なくない。いっぽうこの間、まつりは、「地域の宝」「原風景」といった美辞麗句で彩られ、「未来に残すべき遺産」という資源的価値も増大させてきた。

　では、誰がどうやってまつりを未来に継続・継承するのか。いうまでもなく、第一義的には担い手であろう。彼らがまつりを担わなければ、そもそもまつりを未来に継続・継承できない。ただ同時に、まつりを「守る」対象として客体化する時、行政や研究者などの第三者的立場の役割も重要になってくる。本書では、この第三者的立場にある方々から、「『まつり』は守れるか」という命題に向き合う中で得られた知見や可能性を惜しみなく披露していただいた。

　まつりは、行政的には無形の民俗文化財として「守る」対象とされてきた。無形の民俗文化財は、その登場当初から民俗学という学問と深く関わってきた。しかし、現在、文化財保護と民俗学の関係は微妙である。1990 年代、民俗学は従来の視座や方法の自省を迫られた。その過程で親密な関係にあった文化財保護への批判的論調も強めてきた。しかし、文化財保護の制度は、すでに半世紀以上運用されており、社会に確実に根づいている。加えて、近年、無形文化遺産保護条約というグローバルな制度も運用され始めており、こ

れらの制度に期待する人々も多い。こうした現実に向き合うならば、制度を今一度整理し、民俗学的な知見・成果も踏まえた制度運用を検討してみる必要もあるのではないだろうか。

　今回、ご執筆いただいた方々は皆、文化財保護などの行政とも関わりつつ、それぞれの立場から直接／間接にまつりや地域をみつめ、そして実践してきている。現場での取り組みの中で、できたこと／できなかったこと／感じていること／実践していることなどを、具体例も交えつつ可能な限り詳細に著述いただいた。いずれの議論も、地域に寄り添い、担い手とともに活動する中から得られた多様かつ有意義な成果であり、単なる理論の提示に留まらず、実践的可能性と限界が示されている。いずれも唯一絶対の正解ではないが、そこにはまつりを守るための重要なヒントが隠されているはずである。

　本書は、文化財保護に携わる方をはじめ、まつりの担い手、民俗（学）に関心のある方、地域活性化に取り組む方、まつり好きの方など幅広い読者を想定している。読者の皆様には、本書で披露される多様な取り組みから多様なヒント、多様な「正解」をみつけてほしい。そして、各々の立場で取り組みを進めていただき、ぜひその成果を折に触れて披露・共有してほしい。その先にこそ、まつり／無形の民俗文化財の未来がみえてくると確信する。ご執筆いただいた方々にこの場を借りて厚く御礼申し上げるとともに、本書がまつりの新たな展望を拓く一歩となることを祈念している。

　本書は、『文化遺産の世界』Vol.37（2020 年）の特集「無形の民俗文化財の保存」をもとに企画した。特集を組んでいただいた NPO 法人文化遺産の世界にも、この場を借りて感謝申し上げたい。

石垣　悟

目　　次

10章　指定解除の実際
——まつりと無形民俗文化財の葛藤 ……………………… 189

11章　祭り・芸能の継承への取り組み
——地域社会と行政・企業との連携 ……………………… 210

「まつり」は守れるか
――無形の民俗文化財の保存をめぐって

(石垣 悟)

　戦後の社会変貌の中、それ以前から行われてきたまつりは、無形の民俗文化財として文化財保護行政（以下、行政）の保護対象となった。そして今、さらなる社会の激変により、まつり／無形の民俗文化財は再び大きな岐路に立たされている。

　まつりは、第一義的には担い手のものである。しかし、無形の民俗文化財という点でいえば、市民、そして行政など第三者のものでもある。烏滸がましいかもしれないが、「『まつり』は守れるか」という命題に、行政や研究者が向き合う必然もここにある。私たちは、担い手に寄り添いながら担い手とともにまつりの現状と課題を共有し、まつりの継続・継承、復活の可能性、さらには中止・中断の意味を考え、柔軟な取り組みを実践していかなければならない。

無形の民俗文化財の保存とは

　私は、縁あって行政に十数年携わった。貴重な経験をさせてもらう中で様々な問題があることも感じてきた。例えば、「民俗」の理解が都道府県や市町村の担当や現場でバラバラであること、民俗学の知見や成果が行政に十分活かされていないこと、担い手や行政も含めて社会における民俗文化財への理解が十分でないことなどである。

　いっぽうで民俗文化財の保護制度自体はよく練られている。文化財保護法（以下、保護法）とそれに基づく各種の規定は緻密で、運用

次第で今以上に大きな効果を発揮できるとも感じてきた。こうした可能性についてもまた、必ずしも人口に膾炙（かいしゃ）されていない。

　本書タイトルにある「まつり」は、地域社会の暮らしの中で信仰を基盤にリズムを持って行われてきた人々の主体的な行為や言葉をさす。民俗学でいう祭礼や民俗芸能、年中行事、人生儀礼／通過儀礼などがこれにあたる。このまつりをある面で最も真剣に守ろうとしてきたのが行政である。その淵源は、保護法の1954（昭和29）年第3次改正にあり、さらに1975（昭和50）年第4次改正で本格的かつ直接的になった。

　「文化財」や「民俗文化財」という語は、使い方に注意を要する。文化財とは、文化＝「人類がみずからの手で築き上げてきた有形・無形の成果の総体」（大辞泉）のうち、行政が保護対象としたものをさす。つまり、文化財として保護される文化は、広範な文化のごく一部に過ぎず、保護対象とならない文化もまた多い。

　民俗文化財は、保護法第2条第3項で「衣食住、生業、信仰、年中行事等に関する風俗慣習、民俗芸能、民俗技術及びこれらに用いられる衣服、器具、家屋その他の物件で我が国民の生活の推移の理解のため欠くことのできないもの」とされる。これは保護の目的とその範域を示しており、定義としては「地域社会の人々が上の世代から受け継いできた暮らしの文化のうち、行政が保護対象とし、かつ民俗学的知見から評価できた文化財」といえよう。要するに民俗文化財は、所与の文化ではなく、図

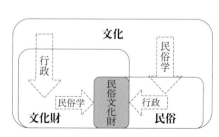

図1-1　文化における民俗文化財の位置

1–1のように行政と民俗学という二重のフィルターを通した文化なのである。

　行政は、地域社会に受け継がれてきたまつりを無形の民俗文化財として保護する（以降、本章でまつりといえば、無形の民俗文化財のまつりをさす）。国の用意する保護手法は、選択（1954年〜）、指定（1975年〜）、登録（2021年〜）の3つで、それぞれ「記録作成等の措置を講ずべき無形の民俗文化財（導入当初は民俗資料）」「重要無形民俗文化財」「登録無形民俗文化財」と称される。なお、無形の民俗文化財には風俗慣習、民俗芸能、民俗技術の3つのジャンルがあり、ここでいうまつりは風俗慣習の大部分と民俗芸能をさす。生活や生業に関わる民俗技術は、本書では対象としない。

　加えて文化財には常に「保護」の語がつきまとう。この保護は、保護法第1条に「この法律は、文化財を保存し、且つ、その活用を図り」とあるように、保存と活用の2つの意味を含む。この保存と活用は、並列・同等の関係にあるわけではない。まずしっかり保存し、そのうえで適切に活用するという保存→活用の関係にある。もっと踏み込んでいえば、図1–2のように活用は保存に還元されるべきであり、それによって保存と活用が一体となった持続可能な保護が可能となる。近年の保護法改正（2018年）や文化観光推進法の制定（2020年）で強調される活用もこの点に配慮する必要があろう。

　「『まつり』を守る」といった時の「守る」は、主に保存をさ

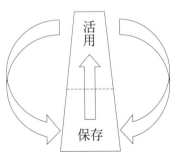

図1-2　保存と活用の関係

す。では無形の民俗文化財の保存とはどういうことをいうのか。辞書で「保存」を引くと「そのままの状態を保って失わないこと、原状のままに維持すること」（広辞苑）とある。この解説は、有形文化財や記念物、有形の民俗文化財などの形の有る動産・不動産にそのまま適用できる。変えずにそのまま維持することが原則なのである。したがって、滅失、毀損、修復など文化財自体の変更や、所在場所・所有者など取り巻く環境の変更に際しては、事前／事後に許可申請や届出を必要とする。国の補助金も、これに応じて調査に加え、修復や収蔵施設の建設・改修などに充当される。有形の動産・不動産としての文化財の保存は、極力変えずにそのまま維持して後世に伝えること、すなわち不変を原則とし、変わる時は行政がそれを把握して指導・助言できる仕組みとなっている。

　これに対して無形文化財や無形の民俗文化財は、目にみえても手では触れられない人の行為や言葉であり、維持すべき形が無い。しかも無形の民俗文化財は、これが日々の暮らしに埋め込まれており、寸分違わず維持することは不可能である。今眼前にある姿もまた、歴史の中で変わり続けている一瞬に過ぎない。したがって、変わる／変わった時の許可申請や届出も要さない。また、国の補助金は、調査のほか、映像作成や用具・施設の修理・新調、伝承者の養成、伝承教室の開催などに充当される。このことから無形の民俗文化財の保存とは、変えずにそのまま維持することではなく、（変えてもいいから）続けることであることがわかる。ここでいう「続ける」には、年を超えた継続と世代を超えた継承の2つの意味がある。まつりを守るとは、行政的にいえば、無形の民俗文化財を継続・継承することなのである。

表1-1　日本の文化財体系と保護の手法

	種別	分野	ジャンル	保護の手法
文化財	有形文化財	美術工芸品	絵画、彫刻、工芸など	指定：重要文化財―国宝 登録：登録有形文化財
			建造物	
	記念物		史跡	指定：史跡―特別史跡
			名勝	指定：名勝―特別名勝
			天然記念物	指定：天然記念物―特別天然記念物
			記念物	登録：登録記念物
	無形文化財	演劇、音楽	能楽、文楽、歌舞伎など	指定：重要無形文化財 選択：記録作成等の措置を講ずべき 　　　無形文化財 登録：登録無形文化財
		工芸技術	陶芸、染織、漆芸など	
		その他無形の文化的所産		
	民俗文化財	有形の民俗文化財		指定：重要有形民俗文化財 登録：登録有形民俗文化財
		無形の民俗文化財	風俗慣習	指定：重要無形民俗文化財 選択：記録作成等の措置を講ずべき 　　　無形の民俗文化財 登録：登録無形民俗文化財
			民俗芸能	
			民俗技術	
	文化的景観			選定：重要文化的景観
	伝統的建造物群			選定：重要伝統的建造物群保存地区

文化財保護と「まつり」の現状　表1-1は、日本の文化財体系とその保護手法をまとめたものである。多様な文化財がある中で、民俗文化財は他の文化財にない特性をいくつか持つ（石垣 2021）。その1つに文化財とその依拠する学問との関係がある。民俗文化財は、専ら民俗学（の知見や成果）に依拠する。いっぽう例えば、有形文化財は、建築学や美術史、歴史学、考古学など複数の学問に依拠する。こうした事情にもかかわらず、現在、民俗学と文化財保護の間には隙間風が吹く。民俗学は、平成に入る頃からポストモダン、ポスト

5

コロニアルなどの潮流を背景にその視座や方法を衣替えし始める。過去を自省する過程で、文化財保護への批判的論調も強めた。文化財保護の孕む政治性や権威性、ナショナリズム（国民文化への統合）、民俗の固定化／形骸化などが問題視されたのである（岩本 1998、才津 2006 など）。至極真っ当な批判であるが、いっぽうで文化財保護は選択で 70 年以上、指定でも 50 年近くをすでに経ており、曲がりなりにも社会に根づき、そこに一定の期待を寄せる人も多い。この現実に向き合うならば、学術的批判は批判として、文化財保護を理解しなおしたうえで民俗学的な知見・成果を踏まえた制度運用のあり方を再検討する必要もあろう。民俗資料創出を検討した文化財保護委員会民俗資料部会のメンバーには柳田國男もいた。その彼のいう「経世済民」に留意するならば、こうした行政的実践の民俗学もあってしかるべきではないだろうか（石垣 2020）。

　民俗学では、まつりを担うのは、血縁や地縁を軸とした比較的固定された集団とされ、これを伝承母体と呼んできた。伝承母体が毎年まつりを継続し、メンバーを少しずつ世代交代させながら継承してきたのである。民俗文化財（当時は民俗資料）の保護が始まった 1954（昭和 29）年当時、伝承母体に相当する集団もまだまだ健在で、これが保護の際に特定される保護団体のベースともなった。それはまた地縁的要素も強いため、伝承地を特定することでもあった。まつりは、伝承する集団と場所を明確にして保護されたのである。

　しかしその後、日本社会は激変する。高度経済成長を経て、オイルショック、バブル景気とその崩壊、そして国際化、情報化と推移する中で、産業構造の激変に伴う都市化と過疎化／過密化が進み、そこに深刻なまでの少子高齢化が加わった。こうした中で文化財保護は、無形の民俗文化財の保存に成功してきたのだろうか。恐らく

半分は成功し、半分は成功していない。

　2022（令和4）年6月現在、重要無形民俗文化財は計327件ある。それらのうち継続・継承が途切れるなどして指定解除されたものは1件もない。いっぽうで指定件数は、毎年約7件のペースで増え続けている。327件の中には、仮に指定されていなければ、今頃継続・継承されていなかったと予想されるまつりも少なからずある。その意味で文化財保護は成功している。

　いっぽう微細にみれば、重要無形民俗文化財の一部に継続・継承を断念したものはある。愛知県北設楽郡の天竜川上流に伝承される「花祭」（1976年国指定）は、奥三河と称される地域、数十か所に伝承されてきた霜月神楽／湯立神楽である。その1つ、布川の花祭が2019（平成31）年3月をもって中断したことは記憶に新しい。あるいは、本書コラム4で俵木悟氏が紹介する「大里七夕踊」（1981年国指定）のうちの市来の七夕踊のような危機的状況を迎えているものも少なくない。

　また、重要無形民俗文化財では、数ある「まつり」のすべてを指定するのではなく典型例／代表例を選んで指定する。それによって周辺の「まつり」も継続・継承の意を新たにする波及・相乗効果を期待するが、実際は指定されなかったことで継続・継承の意欲を失うことも多い（石垣 2002）。こうした点では文化財保護は成功したといえない。

　まつりは現在どのような状況にあるのか。2016（平成28）年に共同通信が調査した全国の都道府県指定のまつりの文化財指定後の現状によれば、休止・廃止が60件あったという（『日本経済新聞』2017年1月3日記事）。これは全体（1651件）の4％弱に過ぎないが、行政の保護措置の奏功しなかった例が確実にあったことを示す。また、

表 1-2　遠州三熊野神社大祭の祢里行事の近年の参加者〔田中興平氏提供〕

年	2017 年			2018 年			2019 年		
人数 役	全参加者(人)	町　外参加者(人)	町外参加者割合(%)	全参加者(人)	町　外参加者(人)	町外参加者割合(%)	全参加者(人)	町　外参加者(人)	町外参加者割合(%)
青年	283	150	53.0	282	158	56.0	265	179	67.5
練係	270	132	48.9	283	122	43.1	276	91	33.0
ちい祢里	220	126	57.3	207	115	55.6	198	111	56.1

　群馬県教育文化事業団が 2008（平成 20）年に行った県内のまつりの現状調査によると、1997（平成 9）年以降の約 10 年間で民俗芸能は855 件中 220 件（約 26 %）が中断・廃絶し、祭り行事は 846 件中 74件（約 9 %）が中断・廃絶・継承危機にあるとされる（群馬県教育文化事業団 2009）。まつりは、やはり苦境に立たされている。

　正確な統計を示すことは難しいが、血縁や地縁を軸とした集団だけで担われるまつりは、現行ほぼ皆無ではないかと思う。程度の差こそあれ、血縁・地縁を超えた繋がりに頼らざるをえないのが現実であろう。表 1-2 は、静岡県掛川市横須賀の「遠州三熊野神社大祭の祢里行事」（国選択・一部県指定）の近年の参加者について町外からの参加者数とその割合を集計したものである。このまつりは、神社の春の大祭（毎年 4 月上旬）に合わせて氏子域 13 町から 13 基の曳山がでる。曳山は、祢里と呼ばれ、高さ 5m 以上、重さ約 2t にもなる。祢里の曳行には一定の人手を要し、以前は年齢階梯的役割に従って町内の人々が担った。祢里を曳くのは高校生から 30 歳頃までの青年で、少なくとも 20 人以上を要する。青年を経ると練係（30～50 歳頃）となり、曳行する祢里の周辺警備をする。やはり 20 人ほどを要する。表 1-2 をみると、コロナ禍前の直近 3 年間で、青年で

は5〜7割近く、練係でも3〜5割近くを町外に頼る。各町の詳細は2章で提示されているが、この3年間、青年、練係とも自町だけで賄えたのはわずか1町だけで、残り12町は何らかの形で町外から応援を得ている。特に祢里を曳く青年は、直近の2019（令和元）年をみても4町が8割以上、1町が9割を町外に頼る。要するにこのまつりは、町外からの応援がなければ成り立たないのが現実なのである。

　同じようなことは、今や全国各地にみられる。あの京都祇園祭の山鉾行事（1979年国指定）ですら、学生ボランティアやアルバイト、留学生などに頼る町内がある。もはや従来の血縁・地縁を軸とした集団だけでの対応は難しく、様々な方法でそれ以外の繋がりを取り込んでまつりは維持されている。私たちは、改めてこの事実と正面から向き合い、そして受け入れることから始める必要がある。

新たな担い手による
継続の可能性と行政　この現実に行政はどう向き合うべきか。あるいはまつりの担い手をどう捉えなおすべきか。一時の体験や思い出作りで関わる一見さんは、担い手とはいえまい。関係人口の固定的継続、すなわち継続的に関わる人こそ担い手の最低条件となろう。その点で一定の成果をあげつつあるまつりに富山県魚津市の「魚津のタテモン行事」（1997年国指定）がある。ここでは町外から公的に応援を募る「たてもん協力隊」（以下、協力隊）という制度がある。

　魚津のタテモン行事は、諏訪神社の例祭に合わせて毎年8月第1金・土曜日に行われ、氏子域7町から計7基のタテモンがでる。タテモンは、橇状の台座に立てた柱に数多くの提灯を三角状に吊るした巨大な作り物で、高さ約20m、重さ5t近くにもなる。人々はこれを半ば力任せに引きずって動かす。まず自町から神社まで曳行し、

その後、境内で担ぎ上げて回転させる「奉納」を行ってから自町に戻る。交代要員も入れて曳行に約 70 人、奉納に約 40 人を要する。協力隊には曳行に協力してもらい、奉納は安全面に配慮して町内の男性のみで行う。

協力隊は、魚津市が予算措置を講じている事業である。魚津たてもん保存会（以下、保存会）の要望を受け、国指定の翌年（1998 年）から始まった。協力隊の募集は、毎年 6 月に始まる。募集期間は 7 月中旬までの約 1 か月半で、市のホームページや広報に掲載されるほか、ポスターや申込書のついたチラシ（写真 1-1）も市内の学校や

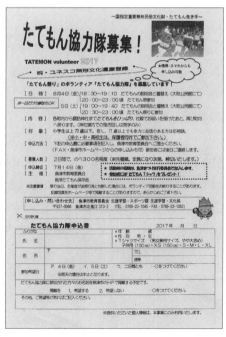

写真 1-1　たてもん協力隊募集のチラシ

スーパー、公共機関、隣接市町の公共機関、大学などに配布・掲示される。参加資格は小学生から70歳頃までの男女で、小・中・高校生には保護者の同伴を義務づける。2日間のうち1日だけの参加も可能であるが、両日とも行事が完全に終了する23時頃までの協力が条件となる。定員は明確に定められていないが、毎年各町の要望を保存会が集約して市に伝達し、例年300人程度となる。市は応募者をとりまとめると、各人に決定通知をだし、保存会に名簿を渡す。保存会は、この名簿と各町の要望を照合して協力隊を割り振る。

　行事当日、協力隊は会場近くの公民館に集合して手続きをし、市や保存会から行事の概要や注意事項の説明を受ける。その後、割り振られた町に移動してタテモンの曳行に協力し、タテモンが町に戻ると解散となる。

　協力隊の参加範囲は、魚津市内だけでなく富山県内の市町村や県外にも及ぶ。家族での参加も少なくない。市がこの事業を20年以上続けてきた結果、近年ではリピーター、つまり毎年継続的に参加する者も増えつつある。市は、当初から継続性を担保するため様々な工夫を凝らしてきた。例えば、協力隊には毎年1人1枚、たてもん協力隊Tシャツと諏訪神社の御守が配られる。Tシャツは、毎年デザインや色が異なり、その年に参加した証として収集する参加者も多い。デザインも当初は市が作成したが、2014（平成26）年以降は市内の中学校や高等学校の美術部が作成し、募集時に事前公開される。また市は募集を始めると、前年の参加者や過去に何度か参加した人に直接チラシを郵送する。また終了後に汗を流してもらうために市内の温泉や銭湯の割引券も配布し、1週間後には礼状まで送付する。各町も行事の最後に一緒に記念写真を撮ったり、子どもの協力隊をタテモンに乗せてあげたり、菓子やジュースを配ったりと

積極的な交流を図る。協力隊の申込書には自身の希望する町名を記載できるようにもなっており、町と協力隊とに良好な関係が築かれると、毎年同じ町へ参加を希望する協力隊も生まれる。近年では継続的参加者を一定程度確保する町もでてきた。協力隊同士も同じ町での再会を楽しみに毎年参加するなど好循環が生まれつつある。特にユネスコ無形文化遺産への記載（2016年）前後からは締切前に300人に達するようにもなっており、リピーター率も全体の4割近くに及ぶという。ただいっぽうで、町内の曳き手は年々減少しており、今後は350人を目途とした募集も検討されている。このように市は予算措置まで講じて事業を遂行するが、あくまで保存会の意向に沿いながら、柔軟なサポートに徹している点は注意しておきたい。こうして20年以上事業を実施してきた結果、継続的参加者が確実に育ってきた。今や彼らの協力なしでのタテモンの巡行は難しい。彼らもまた立派な担い手となっている。

　加えて注目すべきは、これまで町内の男性に限っていた奉納にも町外の応援を期待しつつあることである。2019（令和元）年、ある町の要望を受け、市が継続的参加者数人に直接声をかけて初めて奉納にも参加してもらった。タテモンを担ぎ上げて激しく回転させる奉納は、危険が多く、曳き手を5年以上経験した者でないといけないとされる。今回は比較的安全なタテモン後方で担いだが、まつりの中核に町外の者が参加したこと、また参加可能な者が町外にも育っていることは、まつりの今後を占ううえで注目される。協力隊は20年を経て新たな段階に入りつつあるともいえよう。

ミニ「まつり」にみる継承の可能性と行政

協力隊は、減少・不足する担い手を外部から確保し、まつりを継続する仕組みとして注目される。この継続の積み重ねがやがて世代を超えた継承へと

繋がるはずだが、実際はそう簡単にはいかない。補助事業では伝承教室の開催や伝承者の養成などが可能であるが、私の知る限り、その利用実績はきわめて少ない。そうした中で注目したいのが、ミニまつりの可能性である。

　ここでいうミニまつりとは、大人の担うまつりと酷似したまつりを子ども向けに用意したものである。例えば、秋田県秋田市で毎年8月上旬に行われる「秋田の竿灯」(1980年国指定) がある。このまつりでは、提灯をたくさんつけた長い竹竿を大人が曲芸的に持ち上げて人々を魅了する。大若と呼ぶ長大な竹竿は重さ50kgにもなる。まつりでは、大若以外に中若、小若、幼若という3種の竹竿もでる。これがミニまつりである。それぞれの登場経緯をみると、明治末期にまず重さ15kgほどの小若ができた。たくさんいる子どもに持たせるために用意したという。続いて小若よりやや大きい中若 (重さ約30kg) ができ、小若を卒業した者が持った。さらに戦後の1953 (昭和28) 年には幼稚園児や小学校低学年のため幼若 (重さ約5kg) を用意した。こうして幼若、小若、中若と経験してから、大若を持ち上げる仕組みが出来上がった。

　あるいは、高知県室戸市の「吉良川御田八幡宮神祭のお舟・花台行事」(2014年国選択) にもミニまつりがある。氏子域4町がだす4基の山車 (花台と呼ぶ) とは別に、氏子域全体で一回り小さな山車を1基だす。これを子ども花台という。2008 (平成20) 年から登場し、花台を曳く若衆 (15歳以上の男性) に加入する前の子どもが曳行する。ここでも中学生まで子ども花台を曳き、その経験をもって各町の花台を曳くことになるわけである。

　まつりの実態をよくみていくと、こうした例は意外に多い。詳細に調べれば、相当数のミニまつりがあると思われる。とりいそぎ私

表1-3　国・都道府県指定に係る主なミニまつり

「まつり」の名称	伝承地	文化財	ミニ「まつり」	年齢・学年	性別	開始年
青森のねぶた	青森県青森市	国指定	子どもねぶた 金魚ねぶた	～小学生	男女	戦前？ 金魚ねぶたは江戸末期
八戸のえんぶり	青森県八戸市	国指定	子どもえんぶり組	小・中学生	男女	1970 年
花輪祭の屋台行事	秋田県鹿角市	国指定	子どもパレード ※大人用を借用	～中学生	男女	1987 年頃
秋田の竿灯	秋田県秋田市	国指定	中若	中学生以上	男	大正期
			小若	小学校高学年	男女	明治末期
			幼若	幼稚園児～小学校低学年	男女	1953 年
浦佐毘沙門堂の裸押し合い	新潟県南魚沼市	国指定	中学生水行	中学生	男	1956 年
福野の夜高祭	富山県南砺市	県指定	中あんどん	12～15 歳	男	明治～大正 ※一部は江戸期
			小あんどん	7～12 歳	男女	明治～大正
			ちびあんどん	2～7 歳	男女	明治～大正
三熊野神社大祭・中祭	静岡県掛川市	県指定 国選択	ちい祢里	～15 歳	男女	昭和初期 ※周辺に類例あり
陀々堂の鬼走り	奈良県五條市	国指定	子ども鬼走り	小学 3～中学 1 年	男	2006 年
西大寺の会陽	岡山県岡山市	国指定	子ども会陽	小学生	男	1973 年 ※周辺に類例多数あり
金山寺の会陽	岡山県岡山市	県指定	子ども会陽	小学生	男	2003 年
吉良川御田八幡宮の神祭	高知県室戸市	国選択	子ども花台	～中学生（14 歳）	男女	2008 年
戸畑祇園大山笠行事	福岡県北九州市	国指定	小若山笠	中学生	男	昭和 40～50 年代
			子ども山笠	～小学生	男女	昭和 30 年代以前？
黒崎祇園山笠行事	福岡県北九州市	県指定	子ども山笠	小・中学生	男（一部女）	
博多祇園山笠行事	福岡県福岡市	国指定	子ども山笠	小・中学生	男（一部女）	戦前 ※女子は昭和 50 年代～

が手元で確認できた都道府県・国指定のミニまつりだけでも表1-3
の通りである。一部に江戸末期からのものもあるが、多くは明治以
降、中には戦後、あるいはわずか十数年前に始まったものもある。
きっかけは、子どもの娯楽や教育のためというものが多く、近年で
は明確に後継者育成を意図した場合もみられる。

　注目したいのは、いずれも規模は小さいが、可能な限り質的に大
人のそれに近づけようとしていることである。「子どもだましでは
ない本物らしさ」を追求し、幼少時からそこに直接触れることで、
まつりへの憧れや愛着が醸成されるようである。これはいわゆる年
齢階梯的なものではなく、参加も任意であるが、それゆえに参加へ
のハードルも低い。結果、大人になって一度郷里を離れても再びま
つりに参加しやすい環境ができているようである。要は、幼い時の
環境接触がその後の伝承意欲を形成するようなのである。

　ただ、継承という面でみると、ミニまつりにはいくつか課題もあ
る。ミニまつりでは女性に門戸が開かれていることも多い。しかし、
まつりになるとそれが十分反映されていない事実がある。本章では
深く立ち入らないが、まつりの継続・継承における女性の参加や
ジェンダーの問題にも今後真剣に向き合わなければいけない。

　また、参加者の範域の問題もある。再び表1-2をみてほしい。こ
こでは「ちい祢里」と称する曳山への参加者も集計した。掛川市横
須賀のこのまつりでもまた、大人の曳く祢里とは別に一回り小さな
祢里が各町に1基ずつある。この祢里は、ちい祢里（「ちい」は小さい
に由来するか）と呼ばれ、各町内の神社の秋の例祭（毎年9月）で中学
生までの子どもが曳行する。昭和初期（一説に明治末期）からあり、
やはり後継者育成に大きな役割を果たしてきた。しかし、表1-2か
らわかるように、子どもの減少した現在、半分以上を町外の子ども

に頼る（うち2町は9割以上を町外に頼る）。次世代への継承においても血縁や地縁を超えた繋がりを視野に入れるべき現実がみえてくる。

　ミニまつりは、調査報告書などではほとんど触れられないか、触れられてもごくわずかである。それは無形の民俗文化財の「本体」ではないからである。無形の民俗文化財では専用の用具や施設の修理・新調に補助金がでるが、「本体」ではないミニまつりにはでず、町内がその経費を工面している。しかし、ミニまつりに後継者育成の役割を認めるならば、伝承者養成に必要な用具の調達として今後は補助対象にもできそうである。ここに継承への行政の支援の可能性を見出せるかもしれない。

「まつり」の成立要件と行政

ところで、まつりは、そもそもどのような要件で成立するのだろうか。まつりは、歴史や生態といった環境を地盤に、行う「場」、用いる「物」、行う「時」、使う「金」、関わる「人」の5つの要件を満たす必要がある。これを建物の柱に見立てると図1-3のようになる。大黒柱は「人」で、直接的な担い手だけでなく、みる人や支援する人など間接的な関係者も含まれる。ただ、いかに「人」の柱が太くても他の4本の柱がないとまつりは成立しない。5本の柱が揃うことが必須である。

　そう考えると、行政には5本の柱へのバランスのとれた支援が求められる。そのためには柱の太さや形状、傾きといった現状を把握し、適切な支援策を講じなけれ

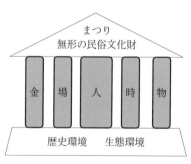

図1-3　まつりの成立要件（柱）

ばならない。行政は、これまでも折に触れてまつりの現状把握に努めてきた。先に紹介した群馬県教育文化事業団の調査もその１つである。しかし、それが適切な支援に繋がってきたかといえば、課題の認識に留まっていた感は否めない。現状把握・課題認識を支援にまで繋げるには何かが足りなかったように思う。

　まだ試みの段階であるが、私が文化財保護審議会委員を務めさせていただいている静岡県では、2021（令和3）年度「ふじのくに無形民俗文化財保存継承アドバイザー」を立ち上げた。国・県指定のまつりの現状を把握し、そのうえで民俗文化財に明るい専門家が県の担当者とともに現地を何度も訪問し、じっくり話し合って今後の方向をともに探っていこうという取り組みである。注目されるのは、現状を把握する保護団体へのアンケート調査に「理想とする人数等」という回答欄を設けたことである。これは、継続・継承に最低限必要な人数を担い手側から申告してもらうもので、もう１人の審議会委員である斎藤裕嗣氏の提案による。従来の調査では、現状を把握すると、指定時（ないしそれ以前）に戻すことを目指した。しかし「理想とする人数等」は、あくまで担い手からみた必要最低限の人数で、指定時等に拘らない。例えば、指定時に笛の吹き手が５人いたが、現状２人に減って継続・継承が危ういとしよう。調査の結果、担い手側から最低３人いれば継続・継承できると回答されたならば、まずは到達目標を５人ではなく３人に置くのである。吹き手を１人養成するのと３人養成するのとでは実現可能性の違いは明白だろう。要は、行政側の論理ではなく、あくまで担い手の率直な意思に重きを置いて問題解決を図るのである。

　ところで、この担い手の率直な意思の把握にあたって付言しておくべき重要な論点がある。保存会の功罪である。本書でも何人かの

論者がこれに言及している。保存会は、暮らしの中に所与として
あった組織ではない。まつりの保存を目指して結成された任意団体
である。特に戦後、担い手自身がまつりを客体化する過程で結成さ
れ、行政が指定文化財の保護団体としてこれを特定したことも相
俟って、まつりの継続に大きな力を発揮してきた。

その功績のいっぽうで、保存会は、内部で世代交代の始まる平成
以降、継承について問題を顕在化させている。遠因は2つある。1
つは、主に農村部のまつりで担い手の分断を生んだことである。保
存会結成を機に熱心に関わる人とそうでない人が明確になり、それ
まで緩やかに地域全体で担ってきたまつりに、ある種の温度差が生
じた。もう1つは、多くの人が携わる都市部のまつりで担い手と会
員にズレがみられることである。会員は仕切り役だけで、実際に動
かしている人は会員でないまつりも多い。結果、新たな担い手／会
員は増えず、非会員の実働部隊が将来にわたってまつりに関わり続
けることも少なく、保存会の新陳代謝が低下した。まつりの現状を
把握する際、行政は保存会とやり取りするが、新陳代謝の低下した
保存会の意思は、まつりの現実を真に反映しているとは限らない。

その意味で今は保存会のあり方を見直す時期でもあり、それはま
つりの未来を拓くチャンスであるかもしれない。実態に沿って、ま
つりに携わるすべての人を会員（あるいはサポーター）として明確に
位置づけ、会合の案内や会報の配布・配信、会員証の交付などを行
うべきであろう。担い手1人ひとりが保存会員／まつりを支える一
員であることを自覚する機会を積極的に作るのである。これには地
元行政の協力が不可欠である。特殊な例ではあるが、島根県は県指
定無形民俗文化財に保持者の認定制度を設け、担い手の自覚の醸
成・維持に努めている。交通・通信の発達した今こそ、当該地域の

居住の有無にかかわらず、まつりを担う人全員を保存会員として歓迎すべきで、それが将来にわたって担い手をまつりに繋ぎ止め、継承の可能性を拓く一歩となるのではないだろうか。

「まつり」の中止・中断と行政 | このように行政には常に担い手／現場の意思に寄り添って対応する姿勢が求められる。指定時を基点としつつも、それを現場にいつまでもそのままあてはめることは生産的でない。まつりは常に変化しており、行政はある程度変化を許容しながら継続・継承を図っていく必要がある。本章では変化と文化財評価の関係は議論しないが、その変化の極端な形に中止・中断もある点は注意しておきたい。

　継続・継承のために変化を許容する、その先に中止・中断もありうるとなると、一見矛盾を孕むようにもみえる。しかし実は、行政は当初からこの認識を持っていた。1954（昭和29）年に選択制度を導入した際の文化庁（当時は文化財保護委員会）の通知には「無形の民俗資料については、そのものをそのままの形で保存するということは、自然的に発生し、消滅していく民俗資料の性質に反し、意味のないことである。（中略）これらは、記録保存の措置をもつて足りるわけである」とある。つまり、記録＝保存を媒介として中止・中断もまた変化の極として許容されるのである。この点を敷衍すれば、中止・中断を前にして行政がすべきことは、中止・中断を食い止めることと、中止・中断の経緯や実態を詳細に記録することの2つがあることになる。

　まつりの継続・継承では、第一義的に担い手の意思が尊重される。行政は、担い手に中止・中断を思い留まり、再開・復活するよう働きかける必要はあるが、それを決して強制はできない。制度誕生以来約70年の社会や時代の状況をみると、あらゆるまつりを従来通

り継続・継承することは理想ではあっても現実的ではない。私たちは今このこともまた認めざるをえない時に来ているように思う。そうした時併せて検討すべきは、まつりの「たたみ方」であろう。長い年月継続・継承されてきたまつりを中止・中断するとはどういうことなのか、その詳細な経緯と実態をしっかりと記録しておく役割／義務も行政にはある。

　記録というと、昨今は映像記録を推奨する向きもある。デジタル技術の発達した現在、映像記録も重要な記録の1つであることは疑いない。しかし、ここでいう記録は、映像記録のみならず、聞き取り調査や文献調査などに基づく文字記録もさしている。映像での記録の難しい地域の歴史や人々の思いなども含めた詳細な文字記録をまず完成させ、それをもとに作成したシナリオで映像記録を撮るべきであろう。少なくとも映像記録のみで記録＝保存完了とするのは、行政のすべきまつりの「たたみ方」としては不十分である。なお、この時、併せてまつりの用具や関係資料も現地の博物館などに保管・展示すべきである。

「まつり」は守れるか ——柔軟性の先に

このように行政をはじめとした第三者がまつりに向き合う時、そこには相応の柔軟性が求められる。通常、文化財指定＝成功、指定解除＝失敗と評されようが、今後はこの認識も改めたい。その点で小浜市指定無形民俗文化財「和多田六斎念仏」をめぐる行政の対応は興味深い。このまつりは、福井県若狭地方にみられる盆の念仏供養行事の1つで、笛を用いた曲目に特色がある。明暦年間（1655〜58年）に京都から伝わったとされ、疫病や戦争などで何度か中断しつつも戦後まで継承されてきた。このまつりを、小浜市は1966（昭和41）年、市の無形文化財に指定した。しかし、1980（昭和55）年に後継者不足によっ

て中断したことから、小浜市は 1985（昭和 60）年に指定を解除した。その後しばらくして再開の機運が高まり、1999（平成 11）年、まつりは 19 年ぶりに再開・復活した。これを受けて小浜市は 2018（平成 30）年に再度指定したのである。細かな経緯はここで触れないが、この小浜市の対応は、現場に寄り添いつつも担い手に強制的かつ過度な負担をかけず適度な距離をとったもので、結果として復活→再指定をみている。それは、指定＝成功、指定解除＝失敗という観念に囚われず柔軟な対応に徹した結果であったともいえる。

　2021（令和 3）年 4 月、保護法が改正され、無形の民俗文化財にも登録制度が導入され、地方登録の条例化とその国登録への提案（第182 条）も規定された。この制度も、登録抹消を恐れずに積極的に登録を進めるならば、有効に機能するのではないだろうか。

　まつりは守れるか。従来の継続・継承システムや行政的支援が今や十分でないことは、疑う余地がない。本章では、改めて無形の民俗文化財の保護制度を整理し、そのうえで継続・継承に関して行政的にできることの一例を取り上げてみた。まつり／無形の民俗文化財は、生きた文化財である。元気な時もあれば、病気の時もある。病状も風邪程度の時もあれば、重篤な時もある。さらに仮死状態にもなれば、再び息を吹き返すこともある。行政は、これらの症状をしっかりチェックしながらも、ある程度症状に身を委ねながら担い手の意思に寄り添った継続・継承を模索すべきであり、その柔軟性の先には中止・中断や指定解除も視野に入ってくる。

　まつりは、地域の歴史や生態を背景に人々の多様な記憶や意思が複雑に絡み合い、化学反応を起こしながら行われている。ゆえに継続・継承への正解を公式的に導き出すことは不可能である。導き出すべきは、あくまで多様な「正解」である。中止・中断への対応も

また「正解」の1つである。そう考えると、今後、行政をはじめとした第三者的立場からの積極的かつ柔軟な取り組みと寄り添いは益々重要となるだろう。

●参考文献

石垣悟 2002「生きた〈地域〉像を目指して」『信濃』54巻1号

石垣悟 2020「文化財保護と民俗学」小川直之・新谷尚紀編『講座日本民俗学1　方法と課題』朝倉書店

石垣悟 2021「民俗文化財の保護」日髙真吾編『継承される地域文化』臨川書店

岩本通弥 1998「民俗学と『民俗文化財』とのあいだ——文化財保護法における『民俗』をめぐる問題点」『國學院雑誌』99巻11号

小川直之 2020「無形民俗文化財をどう継承するか」國學院大學研究開発推進機構学術資料センター編『文化財の活用とは何か』六一書房

群馬県教育文化事業団 2009『群馬のふるさと伝統文化』群馬県教育文化事業団

才津祐美子 2006「世界遺産と文化財——『民俗』の『文化遺産』化をめぐる理念と実践のゆくえ」『日本民俗学』247号

俵木悟 2018『文化財／文化遺産としての民俗芸能』勉誠出版

コラム1　相互作用を生み出す場、民俗文化センター

（後藤 知美）

　1980（昭和55）年に開所した埼玉県立民俗文化センターは、「わざの博物館」をコンセプトとし、民俗文化の調査研究と普及啓発に専門的に取り組む、全国でも特色ある施設であった。しかし、県立博物館施設再編整備計画によって2006（平成18）年に旧埼玉県立博物館に統合され、現在は県立歴史と民俗の博物館となっている。

　センターの調査研究の対象は、主に県内に伝わる民俗芸能と工芸技術であった。芸能部と工芸部に分かれ調査研究を行い、報告書はもちろん、映像記録の作成も積極的に行った。加えて、「わざの博物館」の名の通り、活動成果を社会に還元する公開事業にも力を入れていた。工芸部は、調査に協力いただいた職人にその技を実演してもらう工芸実演、芸能部は、民俗芸能の担い手を招き芸能公演を実施していた。いずれも調査研究の成果を踏まえ、その学術的価値や魅力を一般の人々と共有する取り組みである。

　私が入庁した2012（平成24）年、センターはすでに統合されていたものの、庁内にその名を記憶している人は多かった。私が民俗学分野の学芸員であることを知ると「民文センターがあったらそこに配属だったね」と声をかける方もいた。正直にいえば、かけられる言葉にピンとこなかった。不勉強であった私は、センターが一施設として独立して機能していた時代を、よく知らなかったのである。しかし、その認識は、センターの芸能公演を継承した事業、「民俗芸能公開事業」を担当することで次第に変化した。

　この事業は、県内を5つのブロックに分け、ブロック内の民俗芸能の保護団体に持ち回りで公演をしてもらう。担当者の私は、各団体の方と相談しながら公演内容を決めていった。この相談の過程で、センターの活動の意義を思い知らされたのである。団体のほとんどは、センターでの芸能公演への出演経験があり、私より舞台公演に詳しい。打ち合わせでは、「こういった感想をもらったことがある」「今度はこうやってみたい」等の話がどんどんでてきた。中には、伝承する芸能の歴史や特徴を意識し、「来場者にこれを伝えたい」「この部分が大事だと思う」と明確なビジョンを持つ団体もいた。こうした意見や要望は、学芸員の言葉や報告書、公演をみた人たちの感想や、公演後の地元での反応を反映しつつ培われたものであっ

た。センターの活動は、各団体に、自らが伝承する芸能について多角的に知る機会を提供していたようだ。この私の経験は、近年の無形民俗文化財をめぐる文化財行政の動き、特にその保存と継承のプロセスに関して重要な示唆を与えてくれているように思う。

　2018（平成30）年の文化財保護法一部改正では、国指定および登録文化財を対象に所有者・管理団体が作成する「保存活用計画」を、国が認定する制度を導入した。計画では、文化財の現状を把握したうえで課題を抽出し、中長期的な観点でその解決に取り組む。無形民俗文化財でいえば、内容や保存維持目的を再認識し、今後の保存継承のあり方を明らかにする計画を立案するよう求めている。計画を具体化する過程には、地方公共団体の職員はもちろん、専門家や外部有識者も関与する。

　しかし、無形民俗文化財の保護団体にとって、計画立案までの道のりは難易度が高い。なぜなら、団体の多くは、特定の目的や問題意識のもと結成された集団ではない。地域で暮らす中で文化財を受け継ぎ、現在に伝えている集団である。したがって、計画立案が求めるような、様々な機関・団体・個人と連携しつつ、保存継承に向けて実現可能な策を考えるためには、団体のあり方自体を転換する必要があるだろう。にもかかわらず、現状の制度では、各団体がこれまで経験してこなかった、自律的・主体的な活動に踏み出すための足がかりにまでは配慮がされていない。

　センターでの活動は、こうした現代的課題に応える可能性を示していよう。センターの事業は、各団体に外部との交流の機会をもたらした。同種の文化財を伝承する団体、同じ地域で活動する団体、有識者や専門家・学芸員、愛好家やファン……等々そして、様々な属性の人々との交流は、団体にとって自らが継承する文化財を、新たな視点でみつめなおす機会となっていた。そうした経験の蓄積は、各団体に自らの文化財の価値を再認識させ、自律性を持った団体に成長する手助けとなる可能性を有していたと思うのだ。入庁当時の私にかけられた言葉の多くは、センターが機能していた時代を惜しむ言葉であった。今、その言葉が本当に意味するところを考えている。

祭礼の担い手とは誰か
——掛川市の三熊野神社大祭を事例として

（谷部 真吾）

　本章では、現代の祭礼が、いかなる人々によってどのように支えられているのかを明らかにする。もともと祭礼は、近世以降、それが伝承されている地域社会の人々だけでなく、周辺地域の人たちの協力を得て行われてきた。ただし、祭礼に関わる多様な役割のうち、どの部分を、どの程度、周辺地域の人々に担ってもらうのかは祭礼ごとに異なるものと思われる。ここでは、静岡県掛川市横須賀地区で行われている三熊野神社大祭を例にとり、この祭礼を実施するにあたり、周辺地域の人々がどのように関わっているのか、さらには横須賀地区の人々がそうした人たちを迎え入れるために、いかなる工夫を凝らしているのかについて考察する。

祭礼とは　よく知られているように、祭礼を祭りから派生したものとして捉え、その特徴を指摘したのは柳田國男であった（柳田 1990〈初出は 1942〉）。柳田が『日本の祭』の中で示した祭礼の特徴を、やや粗っぽくなるが列挙すると、以下の 3 つになる。第 1 に祭礼は祭りの一種であること、第 2 に祭礼には見物人がいること、第 3 に祭礼には風流が見られること、である。このうち、第 2 の特徴である見物人について、柳田は「信仰を共にせざる人々、言わばただ審美的の立場から、この行事を観望する者」であるとし（同：248）、このような人々の発生を、日本の祭りのもっとも重要な

変わり目の1つであったとしている。なぜならば、見物人が現れたことにより、神社を中核とした信仰の統一がやや崩れ、その結果、村に住みながらも祭りをただ眺めるものと考えるような風潮をもたらしたからであるという。

こうした柳田の指摘において注目すべきは、見物人を「信仰を共にせざる人々」であり「この行事を観望する者」としている点である。この指摘から、逆説的に、柳田が祭礼を積極的に担うものとして想定していたのが、「信仰を共にする人々」であったろうことがうかがえる。では、このような「信仰を共にする人々」とは、具体的に誰のことをさすのであろうか。いわゆる「伝統的」な神社の祭礼の場合、そうした人々は従来氏子と呼ばれてきた。氏子は、いっぽうで氏神となる神社を中心とした信者集団であるが、他方で町内会や自治会のような「地域社会を構成する世俗的な諸集団」でもあると考えられてきた（薗田 1967：31）。このような観点からすると、要するに祭礼は、それが行われる地域の人々によって担われてきたということができよう。

祭礼の担い手　だが、そうした認識は正しくないと、内田忠賢や須永敬は指摘する。内田は、博多祇園山笠や京都の祇園祭、千葉県香取市の佐原（さわら）の大祭を例にあげ、これらの祭礼では近世以来、山鉾や山車（だし）を出す町内の人々だけでなく、周辺地域に住む人たちを動員することで成立してきたとしている（内田 2015：80-81）。例えば、博多祇園山笠の場合、古文書に「加勢」と記された地域外の住民がすべての「流れ」を少なからず支えてきたとし、また京都祇園祭の山鉾巡行では、大工方、囃方（はやしかた）、曳き手などの山鉾の曳き回しに欠かせない人々の多くが、山鉾がある地域の外から山鉾町に参加していると述べている。祇園祭では、以前から京都の大

学生がアルバイトで山鉾の運行に関わっていた。実際、米山俊直は1974（昭和49）年に出版された『祇園祭』の中で、浄妙山の昇き手が京都産業大学の学生21名からなり、そのときのアルバイト料が1人2100円であったと報告している（米山 1974：51）。内田によると、そうした光景も「現代風というわけではなく、伝統のバリエーションである」という（内田 2015：80-81）。さらに内田は、佐原の大祭でも近世以来、囃子方は町場（佐原）から離れた周辺農村から出ており、山車の曳き手も伝統的に各町以外の人々で構成され、今ではボランティアとして参加する人もいれば、参加型ツアーの一環として曳き手に志願する観光客も少なくないとしている。似たような指摘は須永にも見られ、江戸時代において飛驒高山の高山祭の屋台を曳いたのは、周辺農村からやってきた奉公人たちであったと述べている（須永 2015：37）。それに対して、「マチ」に住む旦那衆は金を出して立派な屋台を作るが、その屋台を曳くことはせず、祭礼当日は屋敷の2階の窓から懐手に屋台の曳行を眺めていたという。

　このようなことは、他の祭礼、例えば祇園祭・高山祭とともに「日本三大曳山祭」とされる埼玉県秩父市の秩父夜祭でも確認することができる。松平誠は、秩父夜祭に屋台を出す町内の1つである本町を事例に、大正から昭和にかけての本町屋台の曳き回しを担ったのはこの町内の人々ではなく、近在の農村の人たちであったとしている（松平 1990：91）。さらに秩父夜祭の屋台には囃子がつき、辻々では手踊りが披露され、また屋台上では芝居も上演されるが、これらも町内の人々の役割ではなかった。囃子は他村の青年たちが担い、手踊りは芸妓衆、芝居の役者は地方回りの歌舞伎役者が務めたのである（同：90）。では、本町の人々は何をやっていたのかといえば、「（祭礼を）滞りなく進行させるため、人事と財政を決め、その

計画の実施を管理し監督」していたという（同、カッコ内は引用者）。つまり、本町の人々は、祭礼行事がスムーズに行われるよう管理すること、いわばマネージメントが彼らの仕事であったのである。加えて、「囃子手」という役も、町内の大店（おおだな）後継者が担うものとされていた（同：92）。囃子手の役割は、派手な衣装をまとって屋台にあがり、その進行を囃したて元気づけることである。囃子手になれるのは、その年の祭礼において4名のみであり、もともとは大店の長男が一生に一度しか経験できない役であったと、松平は述べている。このように、大正・昭和期の秩父夜祭においても、町内の人々が重要な役割を担っていたことは確かであるが、彼らだけで町内の屋台を動かすことはできなかったのである。以上からすると、祭礼は少なくとも近世以降、それが伝承されている地域の人々のみならず、周辺地域の人たちの協力を得て行われてきたということができそうである。

三熊野神社
大祭の概要　ただ、祭礼の実施に関わる役割のうち、いかなる役を、どの程度、周辺地域の人々に任せるのかは、それぞれの祭礼によって異なるものと思われる。中には、一切の役をすべて自前で賄ってきたところもあるであろう。静岡県掛川市の横須賀地区で毎年4月に行われる三熊野神社大祭の場合、囃子を構成する笛の吹き手2名は周辺地域から得ていたものの、その他の役は当該地区の人々によって担われてきた。しかし、このところ、祢里（ねり）と呼ばれる山車の運行にも周辺地域の人々が携わるようになってきた。そこで次に、この祭礼の担い手の中に、どのくらい周辺地域の人々が含まれているのか、少し詳しく見ていきたい。まずは三熊野神社大祭の概要について、簡単に説明する。

　静岡県掛川市横須賀地区は、掛川市の南部に位置しており、近世

写真 2-1　三熊野神社大祭の祢里

　には横須賀城の城下町として栄えた。三熊野神社大祭は、横須賀地区の中央に鎮座する三熊野神社の祭礼である。毎年4月第1週の金・土・日曜日に行われる。この祭礼には氏子地区13町が参加し、各町から祢里が出される。祢里は二輪であり、一般に一本柱万度型と呼ばれるタイプの山車である（写真2-1）。この型の山車は、近世の江戸で行われていた山王祭や神田祭で曳き回されていたものと、同じであるとされている（松崎 2010：130）。そうしたこともあってか、三熊野神社大祭は、2019（平成31）年3月に国の「記録作成等の措置を講ずべき無形の民俗文化財」に選択されている。祭礼期間中、祢里はそれぞれの町内が決めた巡行路にもとづいて曳行される。

　三熊野神社大祭では、1日目を揃（そろい）、2日目を宵宮、3日目を本楽（ほんらく）という。3日間の主な行事は、まず宵宮（2日目）の午前中に、三熊野神社境内で奉納祭が行われる。奉納祭では、その年の担当町が、囃

子と手古舞と呼ばれる踊りを奉納する。それが終わると、各町は祢
里を曳いて他町の会所にあいさつに行く。これを役廻りという。翌
日の本楽（3日目）では、朝に三熊野神社で神事が行われた後、神輿
渡御となる。三熊野神社での神事と、神輿渡御の際に2か所の御旅
所で斎行される神事の中で、神子抱き神事が行われる。神子抱き神
事には、子どもがほしいと願う夫婦が参列し、「おねんねこさま」
という人形を奉げる（大須賀町教育委員会 1991：32）。夕方には、三熊
野神社境内で地固め舞と田遊びが奉納される。夜になると、神社境
内に13町の祢里が集まり千秋楽となる。千秋楽では、手締め後、
13町の祢里がいっせいに囃子を叩き、順番に境内を後にする。祢里
が無事、町に戻ってくると、その年の祭礼も終了となる。

　これらが三熊野神社大祭の主要行事であるが、こうした祭礼を運
営する組織は、各町のそれと大祭全体のそれとに大別される。町の
運営組織は、町の役員、練係、青年の3つからなる。このうち、町
の役員とは、区長・副区長などの町内会の役員のことをいう。祭礼
の際、区長は総代と呼ばれ、町運営組織の総責任者となる。練係は、
各町によって異なるが、およそ30〜40代の男性で構成され、練係
の代表は取締と呼ばれる。各町の大祭運営は、練係が中心となって
行う。最後に青年は、これもまた各町によって異なるが、主に20〜
30代半ばの男性からなり、青年の代表は幹事という。青年は祢里の
曳き回しを担う。一方、大祭全体の運営組織には、氏子総代会、祭
典総代会、取締会、幹事会がある。これらのうち、祭典総代会、取
締会、幹事会の3つは各町の総代、取締、幹事によってそれぞれ構
成される。これに対して、氏子総代会は三熊野神社の氏子総代から
なり、神社での神事や神輿渡御、神子抱き神事、地固め舞、田遊び
などを管轄する。

町外参加者　三熊野神社大祭では、このような一連の行事を行うにあたり、上述したように囃子の笛を周辺地域、具体的には掛川市掛川地区や磐田市、袋井市、さらには周智郡森町などの人々に担ってもらってきた。興味深いことに、周辺地域の人々に笛を吹いてもらうのは、横須賀地区に笛を吹ける人がいないからではない。笛吹きは何人もいるのであるが、習わしとして周辺地域の人々に吹いてもらってきたのである。反対に、横須賀地区に住む笛吹きは、掛川市掛川地区や大東地区、磐田市、袋井市、菊川市などの祭礼に招かれて笛を吹く。ちなみに、三熊野神社大祭の囃子は三社祭礼囃子と呼ばれ、1955（昭和30）年に静岡県の無形民俗文化財に指定されている（静岡県公式ホームページより）。この囃子は、太鼓1つ、締太鼓2つ、笛2本、摺鉦1つからなる。

　このように笛吹きは、以前より周辺地域の人々に担ってもらっていたのであるが、少し前から祢里の運行に携わる青年や練係の中に、祢里を出す町以外からの参加者の姿が目立つようになってきた。彼らの多くは、三熊野神社氏子地区の近くに住んでおり、祭礼当日だけでなく、準備段階から関わるものも少なくない。表2–1は、2017（平成29）年からの3年間における、各町の青年・練係の全参加者数、町外から参加した青年・練係の人数、青年・練係の全参加者数に占める町外からの参加者数の割合をまとめたものである。この表を見ると、3年間、青年・練係とも自町の人々だけで祭礼に臨んだのは西大渕ただ1町であり、他の12町には多かれ少なかれ町外からの参加者がいたことが理解できる。さらに、町外参加者の割合が50％を超えるところも少なくなく、特に西本町・軍全町・西新町では、青年・練係とも3年間、半数以上が町外参加者で占められていた。こうした事実を踏まえると、13基の祢里が巡行するという現在

表 2-1　三熊野神社大祭参加者の内訳（田中興平氏提供）

年		2017 年			2018 年			2019 年		
町・役	人数	全参加者(人)	町外参加者(人)	町外参加者割合(%)	全参加者(人)	町外参加者(人)	町外参加者割合(%)	全参加者(人)	町外参加者(人)	町外参加者割合(%)
河原町	青年	17	1	5.9	16	1	6.3	14	2	14.3
	練係	24	1	4.2	24	1	4.2	24	0	0.0
拾六軒町	青年	21	18	85.7	20	17	85.0	19	17	89.5
	練係	20	16	80.0	20	12	60.0	20	7	35.0
新屋町	青年	38	13	34.2	35	26	74.3	30	26	86.7
	練係	22	15	68.2	26	15	57.7	26	2	7.7
東本町	青年	16	11	68.8	18	13	72.2	16	13	81.3
	練係	19	9	47.4	15	9	60.0	15	3	20.0
中本町	青年	22	11	50.0	22	10	45.5	22	8	36.4
	練係	16	4	25.0	16	5	31.3	16	0	0.0
西本町	青年	27	20	74.1	24	17	70.8	22	20	90.9
	練係	37	27	73.0	36	22	61.1	35	23	65.7
軍全町	青年	17	12	70.6	20	13	65.0	20	17	85.0
	練係	15	8	53.3	16	9	56.3	15	9	60.0
東新町	青年	24	15	62.5	25	16	64.0	25	19	76.0
	練係	21	13	61.9	21	13	61.9	23	6	26.1
西新町	青年	20	13	65.0	17	10	58.8	18	13	72.2
	練係	19	12	63.2	21	12	57.1	20	11	55.0
西田町	青年	18	8	44.4	23	9	39.1	20	10	50.0
	練係	20	4	20.0	25	5	20.0	24	11	45.8
東田町	青年	28	20	71.4	26	18	69.2	23	20	87.0
	練係	19	14	73.7	22	9	40.9	22	9	40.9
大工町	青年	20	8	40.0	20	8	40.0	21	14	66.7
	練係	15	9	60.0	17	10	58.8	17	10	58.8
西大淵	青年	15	0	0.0	16	0	0.0	15	0	0.0
	練係	23	0	0.0	24	0	0.0	19	0	0.0
小計	青年	283	150	53.0	282	158	56.0	265	179	67.5
	練係	270	132	48.9	283	122	43.1	276	91	33.0
合　計		553	282	51.0	565	280	49.6	541	270	49.9

の三熊野神社大祭のありようは、町外参加者がいなければ維持でき
なくなっているといっても過言ではないように思われる。

　三熊野神社大祭において、町外在住者が笛吹きとしてではなく、
祢里の巡行を中心とした町の祭礼行事に携わる立場で参加するよう
になったのは、50年くらい前（1970年ごろ）ではないかという人も
いる。もちろん当時は、現在のように多くの町外参加者が見られた
わけではなかった。そうした状況に、少しずつ変化が生じ始めたの
は、20〜30年ほど前（1990〜2000年ごろ）であったと、西本町の関係
者は語る。当時は、少子化という言葉が頻繁に使われるようになっ
たころでもある。政府の公的文書において、少子社会の現状や課題
について初めて解説・分析が行われたのは、1992（平成4）年度の
『国民生活白書』であるともいわれている（内閣府 2004：2）。

ちょうどそのころ、西本町でも子どもが少なく、ち
い祢里を出せない年があった。ちい祢里とは、小さ
い祢里、あるいは子どもの祢里という意味であるとされる（松田
1993：63）。大人の曳く祢里——大人の曳く祢里は、ちい祢里に対し
て、大祢里と呼ばれることもある——を一回り小さくしたものであ
り、小学校入学前の子どもたちから中学生によって曳き回される。
ちい祢里は、4月の三熊野神社大祭とは別の機会に、具体的には9
月の祭礼のとき——つまり横須賀地区では、年に2回、4月と9月
に祭礼が行われる——に出される。子どもの曳く祢里であるため、
簡単な作りであろうと思われるかもしれないが、現在のちい祢里は
大きさがやや小ぶりなだけで、構造等は大人の曳く祢里とそう変わ
らない（写真2-2）。こうしたちい祢里は、東田町に残された『御用
帳』と題された文書に、「昭和九年四月十五日子供山車製造ニ就テ
相談起り決議之結果製作トナリマシタ」と書かれており、また大工

ちい祢里

写真 2-2　ちい祢里

町の『扣□帳』という文書にも「昭和九年六月小練新調」とあることから、そのころ作られたのではないかと考えられている。

このようなちい祢里の曳行に関して、20〜30年前の西本町では、子どもたち、とりわけ中学生がおらず、ちい祢里を出せない年もあったという。あるいは、小学生だけでちい祢里を曳き回したこともあったとのことである。このときは、町内にいた小学校6年生の同級生数人——この数人の同級生は町外に住む子どもたちである——が参加してくれて、何とか曳き回せたのであった。当時、この子たちに対して、町内の子どもたちと同じように接したところ、その後もちい祢里に参加し続けてくれたという。さらに、彼らが大人になってからも西本町と関わり続け、4月の大祭では青年の一員として祢里を曳いてくれ、年齢がきて青年を抜けると今度は練係として活躍してくれた。彼らがいてくれたおかげで、西本町には、その後も様々な人たちが町外参加者として祭礼に関わってくれるようになったと、関係者は語る。

**町外参加者の
家族への配慮**　このような西本町の祭礼行事を支える町外参加者
たちが結婚をし、子どもが生まれると、祭礼のと
きにその子を連れてくるようになったという。そうした光景を目の
あたりにした西本町では、町外参加者であっても家族でずっと参加
できるよう、何らかの手立てを講じようという機運が高まった。そ
こで、それまですべての町外参加者に祭礼に関わる費用の一部を負
担してもらっていたが、そこに家族割引制度を導入した。家族であ
れば何人参加しても参加費を一定とすることで、町外参加者が家族
と一緒に参加しやすくなるようにしたのである。

　あるいは、祭礼というと、とかく「男性のもの、男性が楽しむも
の」というイメージが強いが、西本町では女性、特に「お母さん」
に楽しんでもらえるよう心がけているという。なぜならば、お母さ
んに祭礼を楽しんでもらえると、子どもも参加しやすくなるからで
ある。そのため、町内のある家の２階を開放し、女性がいつでもあ
がって休憩できるようにした。三熊野神社大祭が行われる４月上旬
は、天候が不安定であるため、よく雨が降る。そうしたときにも、
このようなスペースがあれば雨宿りをすることができる。また、子
どもたちや女性自身が祭礼衣装に着替える際、ここを利用すること
もできる。ちなみに、三熊野神社大祭において、町外参加者の家族
が休憩できるスペースは、基本的にないといってよい。だからこそ、
彼女たちが遠慮せずに腰を下ろせる場所を用意する必要があるのだ
と、西本町の関係者は語る。

　このように、西本町では現在、町外参加者でも家族で祭礼を楽し
めるような仕組み作りを模索し始めている。こうした取り組みを、
他の町も実施しているわけでは必ずしもないが、西本町ではそうす
ることで、町外参加者のみならずその子どもたちにも当町の祭礼行

事に親しんでもらいたいと考えているようである。その際、西本町の人々がもっとも重要視しているのは、ちい祢里である。ちい祢里を経験すると、大人になっても祭礼のときに町にやってきて、青年や練係として西本町を支えてくれるだけでなく、配偶者や子どもまでをも連れてきてくれるようになるからである。さらに、ちい祢里のころからずっと来てもらい、町内参加者と同じように西本町の祭礼行事に触れてもらうと、考え方やふるまいなどが町内参加者と区別がつかなくなるとも語っていた。そうしたこともあり、西本町では、町内・町外を問わず祭礼に興味のある子には、まず中学生のころにちい祢里に参加してもらうようにしているのだという。

| 後継者育成システム としてのちい祢里 | なお、西本町に限らず、子どものときに町外参加者としてちい祢里に関わると、その |

まま青年に入ってくれることが多いという話は、他町でも耳にする。西田町の関係者によると、もともと町外に住んでいた子がちい祢里に参加したことで西田町と親交を深め、その後、彼は青年に入ってくれただけでなく、町内に家まで建ててしまったという。石垣悟は、横須賀地区のちい祢里のように、大人たちが用いる山鉾等を一回り小さくしたものを、子どもたちが曳き回し、大人とほぼ同じような形で行事を行う例は、全国的に見て意外に多いとしている（石垣2020：10-11）。例えば、福岡県北九州市戸畑地区の戸畑祇園大山笠や、秋田県秋田市の竿燈まつり、高知県室戸市の御田八幡宮神祭などで見られるという。さらに、このようなシステムは子どもたちの祭礼に対する憧れや愛着を醸成し、結果的に後継者育成に一役買っていると述べている。そうした石垣の指摘を踏まえ、改めて横須賀地区のちい祢里を見てみると、育成される後継者はちい祢里を出す町の子どもたちだけでないことに気づかされる。町外参加者も、町内参

加者と同じように後継者として育成されるのであり、そのことはまたちい袮里が町外参加者を、4月の三熊野神社大祭に自然と参加できるよう導く役割を果たしていることも意味している。しかも、きわめて興味深いことに、長期にわたり三熊野神社大祭に参加し続けている町外参加者の中には、青年の代表である幹事に就いたり、練係の代表である取締を務めたりするものも、数は少ないが現れ始めている。もちろん、町外参加者が町の運営組織の要職に就けるかどうかは、それぞれの町の方針にもよるが、こうした事例は町外参加者が単なる「手伝い」もしくは「欠員補充」ではないことを物語っている。

表 2-2　ちい袮里参加者の内訳 （田中興平氏提供）

年	2017 年			2018 年			2019 年		
町 ＼ 人数	全参加者(人)	町外参加者(人)	町外参加者割合(%)	全参加者(人)	町外参加者(人)	町外参加者割合(%)	全参加者(人)	町外参加者(人)	町外参加者割合(%)
河原町	27	1	3.7	26	0	0.0	26	0	0.0
拾六軒町	10	9	90.0	10	7	70.0	6	3	50.0
新屋町	15	11	73.3	16	13	81.3	12	7	58.3
東本町	15	12	80.0	16	13	81.3	13	9	69.2
中本町	13	11	84.6	6	5	83.3	17	16	94.1
西本町	23	18	78.3	15	14	93.3	16	14	87.5
軍全町	15	11	73.3	15	11	73.3	13	9	69.2
東新町	14	7	50.0	21	9	42.9	18	9	50.0
西新町	7	4	57.1	12	7	58.3	9	2	22.2
西田町	23	15	65.2	17	11	64.7	15	9	60.0
東田町	7	7	100.0	10	9	90.0	11	10	90.9
大工町	16	11	68.8	11	8	72.7	17	13	76.5
西大淵	13	0	0.0	13	0	0.0	8	0	0.0
番町	22	9	40.9	19	8	42.1	17	10	58.8
合計	220	126	57.3	207	115	55.6	198	111	56.1

ところで、横須賀地区のちい祢里は、近年町外参加者の占める割合が多くなってきている。表2-2を見ればわかる通り、ほとんどの町で町外参加者の割合が50％を越えている。それどころか、70％を越えているところも少なくない。このような状況が、今後の三熊野神社大祭にいかなる影響をおよぼすのかについて、現時点で正確に指摘することは難しい。だが、4月の大祭の参加者の構成が、現在のちい祢里参加者のそれと同じようになるとすれば、祭礼のありようも変わるであろうことが予想される。もしかしたら、多数派となった町外参加者の都合を考慮して、祭礼の開始時間や終了時間に変化が生じ、祢里の巡行時間が短縮されることもあるかもしれない。もっとも、こうしたことは筆者の勝手な予想に過ぎず、現実には変化が起こらない可能性もある。今後、三熊野神社大祭がどうなっていくのか、そのような祭礼のありようは何を意味しているのかについては、祭礼研究がこれから腰を据えて向きあっていかなくてはならない課題であると考える。

　| 関係人口として |
　| の町外参加者 |

以上、本章では、現代の祭礼がいかなる人々によって支えられているのかを明らかにするために、静岡県掛川市横須賀地区で行われている三熊野神社大祭を事例として、この祭礼の担い手の中に町外参加者が多数含まれていること、さらにはそうした人々を迎え入れるために横須賀地区、とりわけ西本町の人たちが工夫を凝らしていることを詳（つまび）らかにしてきた。石垣も指摘しているように、祭礼が多数の町外参加者によって営まれているという状況は、今や都市や田舎にかかわらず全国的に見られる現象であるといってよい（石垣 2020：8）。もっとも、地域によっては、近世のころから周辺地域の人々の協力を得て祭礼を行ってきたところもある。但し、繰り返しになるが、祭礼を実施するにあた

り、そうした人たちの力をどの程度必要としているのかは、個々の祭礼ごとに異なるであろう。これまで、ほとんどの人員を自前で賄ってきたところからすると、町外参加者の力を借りなければ祭礼を行うことができない状況は、悩ましいことであるのかもしれない。だが、現状を嘆いてばかりいても、どうにもならない。むしろ三熊野神社大祭における西本町のように、町外参加者が参加しやすくなるよう環境を整えていくことも重要ではないかと考える。それは祭礼を存続させていくための1つの手段であるとともに、関係人口を創出・拡大することでもあるからである。

　関係人口とは、田中輝美によると、定住人口でも交流人口（観光客）でもない、「特定の地域に継続的に関心を持ち、関わるよそ者」のことであり（田中 2021：77）、地域再生を担う新たな主体として期待されている存在であるという（同：57）。この定義において注意すべきは、よそ者とはいかなる人々のことをいうのかである。その点について田中は、よそ者とは関係概念であり、実体概念ではないとしている（同：115）。すなわち、ある人物がよそ者として認識されるかどうかは、当人が関わる地域社会との関係によって決まるのである。だとするならば、関係人口には、多様な人々が含まれることになる。田中も述べているように、従来関係人口というと都市−農村論の視点が強く（同：75）、地方に関わる都市住民のことをそのように呼ぶイメージがあった。しかし、田中の指摘からすると、関係人口は遠く離れた都市の住民だけでなく、ごく近くに住む人々でもよいことになる。実際、田中は、同じ都道府県や合併により広域化した市町村内にも関係人口やその予備軍は存在しているとした上で、そうした人々のことを近くの関係人口と呼んでいる（同：317-318）。このような見解にしたがえば、三熊野神社大祭に携わる町外参加

者——さらにはその家族——も関係人口として捉えることができる。彼ら／彼女らが、実際に横須賀地区にさらなる活気をもたらすかどうかについては、いましばらく観察を続ける必要がある。だが、少なくとも、祭礼にはそうした人材を地域社会に呼び込むだけの潜在力があるということを理解しておくことは、重要であると考える。その意味で、祭礼とは、それが伝承されている地域社会にとって文化的「財」であるだけでなく、貴重な社会的「財」でもあるのである。

●参考文献

石垣悟 2020「無形の民俗文化財の保存」『文化遺産の世界』Vol. 37、pp. 6-12

内田忠賢 2015「都市の熱気」市川秀之・中野紀和・篠原徹・常光徹・福田アジオ編『はじめて学ぶ民俗学』ミネルヴァ書房、pp. 78-85

大須賀町教育委員会編 1991『三熊野神社の地固め舞と田遊び』

須永敬 2015「『祭り』はなぜ盛り上がるのか?」福田アジオ責任編集『知って役立つ民俗学』ミネルヴァ書房、pp. 34-39

薗田稔 1967「祭り参加の諸相と階層」『人類科学』19巻、pp. 25-57

田中輝美 2021『関係人口の社会学』大阪大学出版会

松崎憲三 2010「静岡県下の『小江戸』と『天下祭り』」松崎憲三編『小京都と小江戸』岩田書院、pp. 129-165

松平誠 1990『都市祝祭の社会学』有斐閣

松田香代子 1993「村と町の祭」『静岡県民俗学会誌』13巻、pp. 56-71

柳田國男 1990「日本の祭」『柳田國男全集13』ちくま文庫(初出1942年)、pp. 211-430

米山俊直 1974『祇園祭 都市人類学ことはじめ』中公新書

静岡県公式ホームページ「三社祭礼囃子」
    http://www.pref.shizuoka.jp/bunka/bk-180/bunkazai/detail/1007201.html、最終閲覧日2022年4月16日

内閣府 2004『平成16年度版 少子化社会白書』
    https://www8.cao.go.jp/shoushi/shoushika/whitepaper/measures/w-2004/html_h/html/g1110010.html、最終閲覧日2022年2月5日

コラム2 「村」概念の新たな可能性

（松本 貴文）

　まつりの存続を考える時、その担い手である地域社会にも目を向ける必要があるだろう。農村社会学では、農村の地域社会を「村」や「村落」（以下、村）と呼び主要な研究対象としてきた。ここでは、村の変化という視点から、まつりの存続について少し考えてみたい。

　村とは何か。ここでそれを説明するのは難しいので、一例として鈴木栄太郎の自然村概念を紹介しよう。鈴木は、村を社会関係や社会集団の累積およびその自律性と、村の精神と呼ぶ社会意識ないし生活規範の存在から定義し、それを「自然村」と命名した。この名称は、1889（明治22）年の町村制によって誕生した行政村との対比に由来し、その範囲は江戸時代の藩制村の範囲と概ね重なるとされる。自然村のような村の共同は、住民生活にとって重要な機能を果たしており、当然、まつりの実施もその中に含まれる。

　村については、戦後の社会変動の影響を受けて、度々その解体が議論されてきた。高度経済成長期には、都市化を原因とする過疎が問題となったほか、半自給的農業から近代的農業経営への移行、兼業（特に第2種）の増加、都市的生活様式の浸透、混住化などが生じ、村の危機が語られた。さらに、1990年代以降、グローバル化の進展や平成の市町村合併などを原因とする生活基盤の縮小や、長期的な少子化の影響が深刻となった。こうした状況を受けて、大野晃は条件不利集落の消滅が間近に迫っていることに警鐘を鳴らすため、「限界集落」という概念を提起した。

　ところで、村は本当に限界化しているのだろうか。総務省と国土交通省が実施した「平成27年度過疎地域等条件不利地域における集落の現況把握調査」の結果をみると、対象となった7万5662の集落のうち、高齢化率50％以上の集落が1万5568と約2割を占めている。やはり限界化はかなり進展しているようである。ただし、集落の将来の見通しに関する質問については、「10年以内に消滅」や「いずれ消滅」と答えた集落はそれぞれ570と3044で、合計しても全体の5％程度に留まる。このことは、高齢者が過半数になっても、村での生活や共同を維持できると考えている人々が多数いることを示している。

　どうして、このような事態が生じるのだろうか。徳野貞雄は、限

界集落論を批判し、集落消滅論から集落変容論への視点の転換が必要だと指摘する。その際、徳野が注目するのが家族関係である。周知の通り、農村では高齢者の独居や夫婦世帯が増加している。限界集落論はここに着目し、村の危機と捉える。しかし、そうした高齢者の多くは、近隣の都市に住む子どもたちと日常的な相互扶助関係を維持している。世帯は分かれていても家族関係は失われたわけではない。自動車や携帯電話などの存在が、集落という空間を超えた関係の維持を可能としているのである。まつりの存続について考える場合も、こうした変化に目を向けることには意味がある。

　私が調査した79人25世帯が暮らす小さな村でも、高齢化率が4割を超え共同活動の維持が困難とされていた。ある住民は「うちの村はもう限界だから」と悲観的に現状を語っていた。ところが、詳細を確認していくと、年3回のまつりも含め村の活動は40年ほど前と大差なく維持されていた。さらに話を聞くと、月1回以上帰省する他出子が19人おり、そのうち6人は実家の生活支援を行っていた。このほか、村の共同作業に参加している他出子もいた。さらに、この村ではUターン者を中心に炭焼き窯の再生を軸にまちづくり団体を結成し、その活動の一環として集落外の子どもたちを招いての炭焼き体験会を開催していた。これは新たなまつりの創造と呼べるかもしれない。

　村は決して不変のものではなく、それぞれの時代ごとに、人々が生活の中で交わり合う中で絶えず生成されていくものである。したがって、既存の枠を絶対視することなく、現在の暮らしとの関連の中で、村やまつりの存続や変化について考えていくことが必要なのではないだろうか。

●参考文献

大野晃 2005『山村環境社会学序説——現代山村の限界集落化と流域共同管理』農山漁村文化協会

鈴木榮太郎 1968『鈴木榮太郎著作集Ⅰ　日本農村社会学原理　上』未来社

徳野貞雄 2014「限界集落論から集落変容論へ——修正拡大集落の可能性」徳野貞雄・柏尾珠紀『T型集落点検とライフヒストリーでみえる家族・集落・女性の底力——限界集落論を超えて』農山漁村文化協会

3 章

山・鉾・屋台行事にみる継承とその展望
——まつりの心と加勢によるコミュニティの創出

（清水　博之）

　地域の紐帯_{ちゅうたい}ともいうべきまつりが今危機に瀕している。これまでに、少子高齢化や継承者の不足、社会環境あるいは個人の価値観の変化などがその原因として取り沙汰されてきた。しかし、伝統的な氏子組織から地域主体の保存会による継承形態への変化こそが、その大きな要因といえる。新たなコミュニティの創出のために、今こそ将来へ向けてよそからの加勢と人材の育成が必要である。

山・鉾・屋台行事の現状　植木行宣によると、全国には約 1300 件の山・鉾・屋台行事が伝承されているという（植木 2021）。1つのまつりで数基から数十基の山・鉾・屋台を曳き回すこともあるから、山・鉾・屋台自体の数は全国で数千基に及ぶであろう。それらの中には、山・鉾・屋台の現物は残っていても長い間には曳くことも少なくなり、今やほとんど途絶えてしまったものもある。巡行の方法も、昔ながらに人力で担いだり、綱によって曳き回すものもある。まつりの規模が大きくなると地域の人たちばかりではなく、よそからの支援を受けたりしているところもある。曳く人たちが少なくなったところではトラックの荷台に屋台などの本体を載せてまつりに供する場合もある。

　このように古式を守りつつ継承しているところもあれば、より現代的に変化しながら継承しているところもあるというのが実状であ

る。全国各地の山・鉾・屋台行事は、様々な形で継承されている。

山・鉾・屋台行事
の起源と実像　　日本におけるムラのまつりの多くは、元来は氏神の祀りに伴うものであった。それらのまつりは、その地方に居住する氏子たちによる氏子たちのためのまつりであった。したがって、そのまつりを執り行うのも見るのもすべてはその地方に居住する人たちであった。それが、時代とともに観衆を呼び集めて、賑わいを作り出し、より一層華やかな催しへと発展してきたのだろう。

　山・鉾・屋台行事で用いられる作り物の起源は、大嘗祭の時に設けられる標の山にあるといわれている。『続日本後記』には、833（天長10）年の仁明天皇の大嘗会で亀卜により決められた日本の東側・悠紀国（この時は近江）と西側・主基国（この時は備中）でともに標の山を立てたと記されている。この山には日月や五色の雲が描かれ、鳳凰、麒麟、象、鶴、童子、桃、梧桐などの中国神話にある神仙思想にゆかりのものが飾りつけられていた。現代の山・鉾・屋台で華麗な装飾を施した山を設えるのは、この頃からの名残ともいえる。

　山・鉾・屋台行事の「山」とは、磐座を模した作り物であり、富山県高岡市の二上射水神社の築山行事に代表されるように、当初は祭礼の時に臨時に神を降ろす装置であり、本来は移動するものではなかったと考えられている。同様に鉾も依代としての役割を持つものであり、やはり神霊の依代としての役割を持つ傘（笠）を伴う笠鉾として伝えられてきた。これに対して屋台は、祭礼の折に人々のもとへやって来る神を氏子たちが迎え入れもてなすための囃子や芸能を披露する舞台であると考えられている。こうした山・鉾・屋台のそれぞれの性格をもとに、植木は、山・鉾・屋台行事を囃される

山・鉾と囃す屋台によって構成されているとしている（植木 2021）。折口信夫も『髯籠の話』の中で、標山とともに各地の祭礼の事例をあげて山や鉾を神の依代としている（折口 1995）。しかしいっぽうで、歴史学者の東野治之が、山・鉾・屋台の起源とされる標の山を「祭儀の場に置かれる標識の特殊な形と解すべきである」としていることにも留意すべきであろう（東野 2004）。

ユネスコ無形文化遺産と全国山・鉾・屋台保存連合会　日本における山・鉾・屋台行事のうちの 33 件が、2016（平成 28）年にユネスコの「無形文化遺産の保護に関する条約」（以下、無形文化遺産保護条約）の「人類の無形文化遺産の代表的な一覧表」（以下、代表一覧表）に記載された。

　この 33 件の山・鉾・屋台行事は、国の重要無形民俗文化財であるとともに、全国山・鉾・屋台保存連合会の正会員であることが前提であった。全国山・鉾・屋台保存連合会とは、山・鉾・屋台の保存整備と地域文化の向上を目的として 1979（昭和 54）年に文化庁の指導のもとに国指定の重要有形民俗文化財ならび重要無形民俗文化財の両方に指定されている京都祇園祭山鉾（京都府京都市）、高山祭屋台（岐阜県高山市）、高岡御車山（富山県高岡市）、秩父祭屋台（埼玉県秩父市）、日立風流物（茨城県日立市）の所有者／保護団体（以下、保存会）によって発足した団体である。1988（昭和 63）年には、規約を改正して国指定の重要無形民俗文化財のみの保存会にも加入を促して会員の拡大を図った。2021（令和 3）年現在の会員構成は、正会員 36 団体、保存技術会員 182 名、準会員 2 団体、特別会員 38 団体である。なお、会員になる資格は次の通りである。正会員は、国の重要有形民俗文化財または重要無形民俗文化財の指定を受けた保存会。保存技術会員は、山・鉾・屋台の制作・修理に欠かせない技術の保

持者。準会員は、都道府県の指定を受けた山・鉾・屋台行事の保存会。特別会員は、これらの保存会の所在する都道府県および市町村である。

| 文化財保護法における無形の民俗文化財の位置づけ |

文化財保護法の成立は、1950（昭和25）年である。国はすでに1948（昭和23）年から文化財保護行政の強化についてGHQ（連合国最高司令官総司令部）と調整を進めていたが、その中で、1949（昭和24）年1月26日に法隆寺金堂の飛鳥時代に描かれた壁画が失火で焼失した。このほかにも各地で戦前国宝であった城郭や寺院などの焼失が相次いだ。これらによる文化財保護への世論の高まりを受け、明治期から昭和初期にかけて発布された戦前の5つの関係法令を括った総合立法が文化財保護法であり、戦後の日本文化を形作ることができるように国会での幾度にもわたる審議を経て成立した。

文化財保護法の第1条には、その理念として「文化財を保存し、且つ、その活用を図り、もつて国民の文化的向上に資するとともに、世界文化の進歩に貢献することを目的とする」と記されている。第2条では文化財を「有形文化財」「無形文化財」「史跡名勝天然記念物」の3つに区分していた。有形文化財の中には「民俗資料」もあげられていたが、あくまでも有形の文化的所産としての位置づけであった。この時点では現在でいうところの無形の民俗文化財は、文化財保護法の範疇には入っていなかったことになる。

1954（昭和29）年の改正によって民俗資料の保護制度の充実が図られ、有形ではあるものの重要民俗資料の指定制度ができた。無形の民俗（文化財）についても「記録作成等の措置を講ずべき無形文化財」の選択に含まれることにより保護が拡充されることになった。

そして、1975（昭和50）年の改正では、従来の民俗資料が民俗文

化財という名称に変更され、無形の民俗文化財のより一層の保護充実が図られることになった。

ユネスコ無形文化遺産
がもたらしたもの

無形文化遺産保護条約は、2003（平成15）年にパリで開かれた第32回ユネスコ総会で採択された。日本は翌年に国会の承認を経て受託書を寄託することにより締約した。世界で3番目のことである。そして、2006（平成18）年には締約国が30か国に達したことからこの条約が発効することになった。

　文化財保護法は、文化財の保存と活用が主たる目的である。いっぽう無形文化遺産保護条約では、無形文化遺産の保護とともに「無形文化遺産の重要性及び相互評価に関する意識の向上など」もあげられている。日本における文化財の定義は、有形文化財も無形文化財も「歴史上又は芸術上価値の高いもの」とされているが、無形文化遺産保護条約においては、「社会、集団及び場合によっては個人が自己の文化遺産の一部として認めるもの」とされ、担い手の認識に基づく、より広い範囲の文化を取り込んでいる。そして、最も重視されるべきこととして「文化の多様性及び人類の創造性に対する尊重を助長する」ことを謳っている。

　全国山・鉾・屋台保存連合会の諒承のもとで、2019（令和元）年に私が実施した会員（保存会および継承地の自治体担当課）に対するアンケート調査によると、回答を得られた保存会のうち、50.3％がユネスコ無形文化遺産になったことによって「会員の心情に変化があった」と回答している。その心情とは、具体的には「自信と誇りを持てるようになった」「継承に対する意識の向上があった」というものだった。これは、自分たちが継承しているまつりが、単なる内向的な地域だけのものではなく、世界レベルでも紹介されるべき貴重

写真 3-1　日立風流物（2019 年 5 月、中井川俊洋氏撮影）

な文化遺産であることを再認識したものといえる。つまりは、ユネスコ無形文化遺産の代表一覧表に記載されたことは、自らの伝統行事の再発見ともいうべき出来事だったということである。

　この頃、私自身も文化財保護行政に携わっており、日立風流物（写真 3-1）の公開の場で若い会員へ慰労の言葉をかけた際に、その若者から「ユネスコ無形文化遺産になり、よそからも大勢の人たちが見学に来ているのに、このような拙い技をみせているようでは恥ずかしい」という悔恨の言葉を聞いたことがある。ユネスコ無形文化遺産になったことによって、それまでの地域やその周辺からの観客よりも、より広くかつ遠方から訪れる人たちへ誇りを持ってみせられるまつりとして、立派な演技をしたいというのである。その心意気は、ユネスコ無形文化遺産になったからこそ湧き出てきたもの

である。このように従来の国内における代表的文化財という位置づけから、世界の無形文化遺産という立場を得たことは、確実に保存・継承に大きな役割を果たしているといえる。

　いっぽうで、福原敏男が指摘しているように、ユネスコ無形文化遺産にならなかった山・鉾・屋台行事も全国には数多く残っている（福原 2017）。もし上記のような効果を認めるならば、これらも速やかに追加登録できるような方策を立てなければならないだろう。

本当に少子高齢化だけが問題なのか　まつりの将来を語る時に、どこへ行っても少子高齢化と後継者不足の問題を聞かないことがない。しかし、本当にそれだけが現在の継承に係る最大の課題なのだろうか。

　日立風流物の場合、戦前は神社の氏子組織によって継承されてきたが、現代では「保存会」という組織に、それが置き換わっている。まつりの継承の問題を考える時に、この継承する団体のあり様をみておきたい。

　氏子組織における構成員は、その地区に居住する家々の戸主であった。そして戸主が代替わりをする時には、跡継ぎの長男が氏子組織へ入ることが習わしであった。したがって、常に氏子の人数はその地区にある家の数とほとんど同じであったし、組織内における年齢層も代替わりによって半ば自然に若返る仕組みであった。

　ところが戦後、まつりの継承を目的とした保存会が各地で発足することになる。そのほとんどは、氏子組織を母体として発足した。保存会の表向きの目的は、まつりを健全に継承していくことであったが、本質的には公的補助の受け皿としての役割をも担っていた。その反面で、保存会は氏子組織のように構成員を内部で更新するシステムがほとんどないことや、他地域からの新たな会員入会が困難

な状況を生んだのである。

　日立風流物においても、まつりが氏子組織によって運営されていた時は、まつりを実際に斎行する実務者は若衆組であった。若衆組とは、ムラ社会の中で15、6歳頃に加入して、男の厄年である数え42歳になると抜ける年齢階梯制の集団である。これよりも年齢が上の者は、中老と呼ばれる年寄りとみなされ、まつりの場では、警護や後見などの若者の後ろ盾となることが通例であった。しかし、これが保存会によって運営されるようになると、年齢階梯制はなくなり、年齢を重ねても同じ会員が現場での作業を務めることになった。氏子組織であれば、集落の各家から必ず家長が家の代表者としてまつりに参加する習わしであり、その家長が隠居などで代替わりをする場合は、跡取りの長男が新たな家長として参加することが通例であった。このことによって集落における年齢集団としての新陳代謝が生まれて、常に作業を伴う様々な行事を若者が実施することが可能になったのである。しかし、保存会という組織がこの若い年齢層の構成員をうまく組み入れる仕組みを持たないため、まつりの担い手を探すために、集落内のめぼしい若者への口利きや親戚筋から個別に調達するしかなくなってしまった。それでも人手が足りない時には、保存会の役員が集落内の家々を回り歩いて個別に協力を依頼するということになってしまったのである。

時代に対応 しての変化　無形の民俗文化財は、時代に対応して変化していくという特質がある。なぜならば、そのまつりをしなければならないという使命感を持って演じる者がいなくなったら、あるいは、それを見るものがいなくなったら、ただちに消え失せてしまうものだからである。まつりが存続していくためには、そのまつりを続けていかなければならないという強い使命感を持つ人たち

の存在と、それを様々な形で支えていこうとする観衆が必要なのである。

　神を祀る儀式としての伝承は存続しつつ、民俗芸能などのまつりは、観衆の期待に応えるために、その都度、時代とともに工夫を凝らして変化していった。これが風流の技である。神を祀るという伝統的な儀礼を精神的な基軸としつつも、見る者を意識して、本来、神をもてなす装置による山・鉾・屋台行事は、奇抜で面白い趣向を積極的に取り入れてきたのである。これまでの歴史の中では、このように現れては消えていった様々なまつりも数多くあったはずである。その中から数百年以上もの間、引き継がれてきたものだけが現代の人々がみることができるまつりなのである。

　風流としての山・鉾・屋台行事は、時代とともに変化していくものである。しかし、それは外枠だけのことであり、本質的な部分は変わらない。もし、根源的な核心が失われたり変化してしまえば、単なる享楽的な見世物になってしまうだろう。そのようなまつりはいずれ人々から飽きられ忘れ去られて失われてしまう。では変わらない核心とは何か。それは祭礼の日にやって来る神を迎え歓待するという神祀りの心情のことである。山・鉾・屋台行事には、神の存在を意識して敬意を払い、感謝と祈りの心情があるということが肝要なのである。

　この神祀りという核心を失った山・鉾・屋台行事の公開は、イベントにおける集客のための興行と何ら変わらないことになる。無形の民俗文化財を基盤として生まれてきた現代の新たな文化としては、YOSAKOIソーラン祭りが典型的な事例だろう。高知県のよさこい節と北海道のソーラン節を融合して1992（平成4）年に誕生したこのまつりは、今では札幌に約200万人の観光客を呼び寄せる初夏の

一大イベントとなっている。もっとも、高知県のよさこい節も、本来は俗謡から座敷唄になったものであった。隣の徳島県の阿波踊りの賑わいをみて当地の商工振興のために日本舞踊の各流派に依頼するなどして鳴子を組み入れたよさこい鳴子踊りが出来上がり、1954（昭和29）年によさこい祭りが開催されて踊られるようになったものである。また、YOSAKOIソーラン祭りの隆盛を受けて2000年代からは、このまつりがYOSAKOIとして全国的に流行することとなった。

　このように伝統的な民俗文化を母体として新たな民俗芸能が生まれている。たぶんいつの時代もこのようにしてまつりが発生しては消えていったのであろう。その中で残すべき価値があると人々が認めうるものだけが数十年、数百年と継承されるのである。そこではやはり核心となる心情や神への崇敬といった意味づけが大切になるだろう。

無形の民俗文化財をめぐる行政の役割の変化

1975（昭和50）年の文化財保護法改正当初、文化財保護行政を担当している市町村の現場では、それまでの保存の手法、例えば建造物などであれば建築当初の形態を維持し、修繕するにしても当初の材料、制作方法、色彩などをできるだけ再現することを重視していたため、無形の民俗文化財についても当初の形式を重んじる風潮があった。加えて、無形の民俗文化財を継承する保存会についても、それまでの無形文化財における保持者（俗にいう人間国宝）を認定することが文化財保存の方法として取り入れられた事例もあった。実際には、無形の民俗文化財は、保持者という個人を認定するのではなく、保存会という継承者の集団を対象として指定されるものであり、その代表者や構成員は徐々に入れ替わっていくものである。そこには、民俗

文化財が一般国民の生活の中で維持・継承されてきた文化であるという考え方がある。

　日本においては、1992（平成4）年のお祭り法（地域伝統芸能等を活用した行事の実施による観光及び特定地域商工業の振興に関する法律）により、伝統芸能を観光資源として活用することが国の施策として打ち出された。その後も文化庁を主務として、2015（平成27）年には文化財総合活用戦略プランと日本遺産の認定（日本遺産魅力発信推進事業）が進められることになった。このように文化財をめぐる国の方針は、従来の保存を優先する支援から、地域の文化財を一体的に活用する取り組みへの支援に転換しつつある。このことによって、文化財や伝統文化を通じた地域（経済）の活性化を図ろうとしているのである。

　したがって、文化財保護行政の現場でも、従来の現状維持の保存を優先する姿勢から、文化財を活かしたまちづくり、ひいては地域経済の活性化までをも担う責務を負うことになった。今や行政は補助金によって活動を支援したり、損傷した部材を補修したりするだけではなくて、後継者の育成や経済活性化のために人を呼び込むような文化財の魅力発信をしなければならないことになった。その魅力発信も、従来は文化財としての価値を知らしめるための事業であったものが、観光事業の一環として様々なイベントに組み込まれたものになりつつある。

　加えて、近年政府はインバウンド観光にも力を入れており、まつりも我が国の魅力として世界に発信して集客することが期待されている。ここでは、地域のまつりとしての本来的な役割だけではなく、日本文化の魅力的な資源として、みせる対象者も海外の人たちということになる。その功罪は措いておくにしても、まつりを継承する

写真 3-2　高岡御車山（2019 年 5 月、中井川俊洋氏撮影）

人たちにとっては、世界の中の文化遺産の 1 つという自らの位置づけを意識せずにはいられない状況になったのである。

| 加勢の効用 | 加勢（かせい）とは、まつりに際してよそから支援に来る人たち、あるいはその行為のことをいう。加勢は、これ |

からのまつりを考えるうえで鍵となるが、近年の新しいものばかりでなく、伝統的なものもあり、その点で継続性が担保されているともいえる。

　例えば、高岡御車山祭（写真 3-2）では、旧来の山町筋の商家などが旦那衆（だんなしゅう）となり、御車山の維持・継承を担っている。山の組み立て、奉曳（ぶえい）、解体などは、町外の山大工と呼ばれる人たちの手によって行われる。囃子方も伝統的に農村部の人たちが担ってきた。旦那衆たちは山役人と称され、一文字笠に麻裃（あさかみしも）で山に伴って歩くことから半武士とも称される。このように、毎年の例祭における奉曳の全般にわたる財政的な基盤を支えていることを示すことが、北國街道一（ほっこく）

の山町筋でお店を持つ素封家としての彼らの誇りなのである。近世
期の江戸や京都などの大きな都市にあっては、このようなまつりに
おける山・鉾・屋台の組み立てや曳行、解体、あるいは囃子などの
実働作業を周辺農村部の住民が担うという形態はよく見受けられる
ことである。高岡御車山祭は、地方都市にあって、その都市型の気
風を早くから取り入れて現代まで継続している貴重な事例といえる
であろう。

　いっぽう毎年 12 月に秩父神社の例祭で曳き回される秩父祭（写真
3-3）の笠鉾と屋台は、6 つの保存会によって継承されている。その
中でも最も秩父神社に近い場所にある本町は、かつての中心市街地
であった町会である。秩父地方は、近代には絹の集散地として栄え、
本町は花街もあるような賑わいがあったという。しかし、時代が移
り変わり今では町内の居住人口も減少して 120 世帯ほどである。そ
のうえ若年層は市外へ転出して高齢化が進んでいる。

写真 3-3　秩父祭（本町屋台）（2018 年 12 月）

約30年前にこのままではまつりの存続が危ういという声が町会内であがり、町外のまつり好きの人たちへ声をかけて支援団体を結成することになった。本町の屋台の水引幕には達磨が織り込まれているところから、この団体の名称を達磨会と名づけた。達磨会に加入する会員は、そのほとんどが秩父市内やその周辺の町村で笠鉾や屋台がない町会に居住する学生や若い社会人などである。町外からの人的支援を受けることについては、地域の人たちだけで伝統を継承する形態を維持したいという気持ちの方たちの意見もあった。あるいは、はじめの頃には手伝いで来ていた若い人たちの元気な行動への厳しい眼差しなどのいろいろな困難があったという。そこで、達磨会では正会員になるために1年間の見習い制度を導入することにした。この行儀見習いの期間中に「おとな」としてのしっかりとした態度や活動をすることができた者だけが正会員としてまつりへの参加を認められるようになるのである。現在では四十数名の会員が地元に居住する約30名の本町青年会の会員とともに夏・冬のまつりに本町屋台を繰り出している。このほかにも、達磨会の会員はまつりの時だけではなく、日頃からの自発的な清掃活動などを通して町会に貢献している。私が聞き書き調査をした時に、町会の人たちは「達磨会の人たちにまつりをしてもらっている」といい、達磨会の人たちは「まつりをさせていただいている」との言葉があった。このような相見互いの思いやりの心情こそがこの町会のまつりをよりよいものへと導いているのである。

　本町ではこの達磨会や青年団そして消防団の支援を受けているが、そのほかに町外のまつり好きの人たちを対象とした会友制度も導入している。年会費を納入してくれた方には、参加証のワッペンと鉢巻、そして手袋を支給してまつりに参加する資格を与えている。現

在は約80名の会友がこの制度によるまつりの支援をしている。

　このような本町における外部からの加勢によるまつりの運営維持の手法は、内外からの紆余曲折を経つつも優れた成功事例として高く評価されるべきものである。後継者不足で悩むまつり継承地における1つの指針になるだろう。

　秩父市では、冬季の秩父祭を「おとなのまつり」と称し、これに対応するように夏季には「子どものまつり」と称する川瀬祭りが執り行われる。ここでも達磨会は、男性だけでなく、その妻や子どもたちまでまつり装束に身をまとい、楽しそうに家族総出で屋台を曳き回している。そこでは町会の人たちも温かい眼差しを持って一体となってまつりを盛り上げているのである。

　また、京都祇園祭を継承している市街地の町内では、旧来の住民が減少し高齢化が進んでいる。綾傘鉾（あやかさほこ）を継承する保存会では、佛教大学の学生たちによる支援が毎年行われている。傘鉾の組み立てや巡行、そして解体・収納まで大学生の加勢によって進められているのである。佛教大学では「祇園祭研修」という授業が設けられており、履修生は祇園祭の歴史と民俗を学修したのちに、綾傘鉾で授与される厄除け・災難除けの粽（ちまき）づくりや頒布作業をはじめ、鉾立てや宵山、山鉾巡行を体験することができるようになっている。祇園祭におけるこのような活動に意義を見出して、卒業後もまつりに関わることができる組織として保存会には青年部が設けられている。今では、この大学生や卒業生たちがまつりを継続的に支える貴重な人材になっている。また、綾傘鉾では、傘鉾とともに棒振り囃子も披露され、こちらは伝統的に壬生六斎念仏講中（みぶろくさい）によって保存・継承されている。新たな加勢と伝統的な加勢をうまく組み合わせてまつりが維持されているのである。

克明な取材に基づいて朝日新聞社から『あゝ野麦
峠』を発表した山本茂実の作品の中にルポルター
ジュによる著作『高山祭』（1976 年、朝日新聞社）がある。その中に
「補助金で祭が面白くなくなった」という興味深い一節がある。
1968（昭和 43）年にオープンした屋台会館の収益を屋台の修理やま
つりの費用にあてることができるようになったことによって、「屋
台会館で入る金が各屋台組に配分されて、屋台維持費も祭礼費もい
らなくなったら、祭が面白くなくなった」「屋台への愛着もうすれ
ていくのがありありとわかる」というのである。この本の中で高松
広三郎という人物が「屋台への愛着」について、次のように語って
いる。

　　やっぱり屋台というものは、苦しい中で工面して金を出し
　合って、修理・維持していくところに意味がある。だから屋台
　というものは、まことに厄介ないやな持ち物であるとともに、
　誇り高い持ち物でもあるわけさ。修理しなくてはならない。不
　景気で金がないといっても、神様のことだで放っておくわけに
　もいかないわな。それでみんな仕方なし屋台寄り合いを幾晩も
　幾晩ももつ。当然反対者もありケンカも始まるわさ。そして一
　年も二年も結論をのばしたこともある。

　　もう屋台なんか見るのもいやだ。逃げ出したくなる。しかし
　また役員にされてしまえば投げ出すわけにもいかず、我慢して
　集金したこともある。父も祖父もみんなそうやってきた。そう
　いういやなこともいいことも、一つ一つ人間の宿命のように積
　み重ねていってこそ、そこに愛着というものが生まれるんで
　あってな、今のように補助金でなんでもやってくれるなら、祭
　寄り合いも組内の話し合いもいらなくなってしまう。これでは

屋台に愛着が生まれるはずはないではないか。

山・鉾・屋台行事を継承する保存会では、このような葛藤がどこにでもあるのではないだろうか。確かに行政の補助金による支援は現代では欠くことのできないものではあるが、それにも増して大切なのは山・鉾・屋台行事を継承しようとする意欲を育てる仕組みではないだろうか。

例えば、秩父祭の囃子では、屋台の中に大太鼓は1張しかない。それを狭い屋台の中で交代しながら叩くのである。外に響き渡るような大きな音をだすためには全力を込めて叩かなければならない。小太鼓も3張あるが、こちらは撥に練習でつぶれた血マメの跡がついている。子どもの頃から毎晩のように練習を重ねてまつりに備えるのである。屋台の中で叩いている姿は外側からは見えないが、町内の人たちは、練習で聴き慣れているので、その調子によって誰が叩いているのかがわかるのだという。このようにまつりは、やる側も見る側もその場にいる人たちに一体感をもたらす。一緒に苦労し喜びを分かち合った仲間なのである。このような共同体験によって生まれた連帯感は、まちづくりの基礎となるのではないだろうか。

現代では、地域自治を推進する名目で公民館に代わってコミュニティセンターが置かれ、自治会がその運営を任されることが多くなっている。しかし、運動会を開いても盆踊りを開催しても役員やいつものメンバーばかりが参加するイベントになり、ついにはやらなくなってしまうことになる。根っこのないその場限りの享楽の催しは、長くは続かないのではないだろうか。やはり、伝統に裏づけられた文化として根づいたものだからこそ、それを担おうという気持ちも生まれてくるのである。そのような根っことなり紐帯となるのが、その地域の無形の民俗文化財／文化遺産なのである。

人作りこそが鍵

神を祀る行為を伴わない山・鉾・屋台行事が、文化財の公開事業という名目で、本来の姿である神を招き寄せずにその山や演技をみせることは、単なる客寄せのイベントに過ぎないともいえる。しかし、保存会の高齢化が進み後継者も不足する現状を顧みた時に、ユネスコ無形文化遺産になったことをきっかけとして出演するイベントでさえ、継承者の自覚や意欲を増進する1つの手法として必要なことなのかもしれない。後継者の育成は、一朝一夕でかなうものではない。子どもの頃に体験するまつりを通して得られた喜びや一体感がやがては神を感じ、山・鉾・屋台行事を継承しようとする意欲の基底になるだろう。したがって、よりよい後継者を育成するためには人の一生を通した長期的な計画こそが大切なのである。

山・鉾・屋台行事を保存・継承するうえで、最後にもう1つ触れておきたいのは、展示施設の問題である。山・鉾・屋台の組み立てや曳き回し、そして解体の技術もまた、まつりには欠くことのできない要件である。そうした準備から片づけまでを含めてまつりは、祭礼の日に現場でみることができることに意義がある。1年中、いつでもみることができるのであれば、あえて祭礼の日に出かける必要はない。まつりとは、神の降臨を人々が一緒になって歓待して祈念するものである。例えば、博物館で民具が整然ときれいに展示されているだけでは、その民具が使われていた本来の姿は伝わらないのである。同様に、写真や動画でも本来の臨場感を得ることはできない。まつりは、毎年同じように行われているが、その時々で町の姿も気温も風も、そしてやる人や見る人たちも違うのである。つまり、まつりとは一期一会の場といえる。だからこそ展示をみるだけでわかったように思えてしまうことを危惧するのである。

●参考文献

植木行宣監修、福原敏男・西岡陽子・橋本章・村上忠喜編　2021『山・鉾・屋台の祭り研究事典』思文閣出版

折口信夫　1995「髯籠の話」『折口信夫全集 2』中央公論社（初出 1915 年）

清水博之　2017a「日立風流物を継承する場でいま求められていること——ユネスコ無形文化遺産『山・鉾・屋台行事』の憂懼」『民俗芸能研究』62 号

清水博之　2017b「山・鉾・屋台行事の継承と発展——国指定重要無形民俗文化財からユネスコ無形文化遺産代表一覧表記載へ」『史境』74 号

東野治之　2004「大嘗会の作り物——標の山の起源と性格」『国立歴史民俗博物館研究報告』114 集

山本茂実　1976『高山祭　この絢爛たる飛驒哀史』朝日新聞社

福原敏男　2017「提案されなかった『山・鉾・屋台行事』——今後に向けての期待」『文化遺産の世界』Vol. 28

https://www.isan-no-sekai.jp/list/vol28

文部省編、学制百年史編集委員会　1972「文化財保護の法的整備」『学制百年史』帝国地方行政学会

https://www.mext.go.jp/b_menu/hakusho/html/others/detail/1317870.htm

コラム3　無形の民俗文化財と修理・新調

（石垣　悟）

　美術工芸品や建造物のような有形の文化財は、壊れないように大切に扱われる。しかし、災害などの何らかの不可抗力で壊れてしまうこともある。そうした時は速やかに修理を実施する。この修理は、もとの状態に復する復元修理の意味合いを込めて「修復」と呼ばれる。修復にあたっては、材質や形状、大きさなどを極力変えず、指定時の状態に復する。学術的根拠があれば、制作時や創建時の状態に復すこともある。修復では、伝統技術と最新技術を適宜併用する。また、可逆性、すなわち将来開発されるかもしれない新技術による修復を見越し、いつでも修復前の状態に戻せる修復が推奨される。修復は、高額となるため補助事業で行われることが多い。

　無形の民俗文化財としてのまつりでも、上記の原則・考え方に準じつつ修理を実施する。そのため補助事業となることも多い。ただまつりの場合、修理の対象はまつりそれ自体ではなく、まつりで使われる用具や施設になる。つまり、文化財自体の修復ではない。しかもそれらは、現役の用具や施設である。そのため修復の原則・考え方に準じつつも柔軟な対応が求められる。したがって「修復」と区別して「修理」という。

　まつりでは様々な用具や施設が使われている。修理では、それらをまつりで使える状態にすることを目指す。したがって、安全面や現代人の体格などを考慮したり、同じ材料が調達できなかったり、往時の技術がすでに途絶えていたりすると、材質や大きさ、形状、さらには修理技術などの変更も検討することになる。また、腐朽・腐食が著しく旧材を再利用できない場合には用具や施設をまるごと新調することもある。こうした変更や新調は、既存の用具や施設の現状を詳細に調査・把握したうえでなされる。

　このようにまつりの用具や施設の修理・新調では慎重な判断が常に求められる。そのため第三者による修理委員会（写真）を設置することも多い。修理委員会のメンバーは、大きく2種ある。民俗学の専門家と、木工、金工、漆工、染織などの伝統技術の専門家である。まず前者が委員長などを務めつつ民俗文化財の修理・新調の考え方・方向性を示す。後者は、それを踏まえつつ技術的にどのような修理・新調が可能かを検討・提案する。会議の際は、修理現場を

写真　修理委員会

訪れたり、会場に技術者を呼んだり、用具を持ち込んだりすること
もある。補助事業の場合は、補助金を交付する監督行政の指導・助
言も必須となる。また、会議にはまつりの担い手（の代表）も参加す
る。担い手の希望や意思も十分汲み取る必要がある。修理委員会の
事務処理や連絡調整は、地元行政が行うのが望ましい。こうした修
理・新調のための伝統技術は、まつりの続く限り必要となるから、
これを保持する技術者もできれば地元で養成していきたい。

　まつりの用具や施設の修理・新調の大きな特色は、冒頭の有形の
文化財のように制作時や創建時に復すことを必ずしもよしとしない
ことである。暮らしの中で使われてきた用具や施設には様々な改変
や工夫が施されており、使用痕も多い。それらは、各々の用具や施
設に刻み込まれた歴史や地域性にほかならない。したがって、この
刻み込まれた歴史や地域性を重視し、可能な限りこれを残す方向の
修理・新調が模索される。この方向性と修理技術のバランスを上手
にとり、担い手、修理委員、行政の3者が納得・共有しながら修
理・新調を進めるのである。そこでは、次の修理・新調に資するた
め、その内容や経緯、変更理由などを詳細に記録しておく必要もあ
る。加えて特に新調の場合は、可逆性を担保する意味でも既存の用
具をできるだけ保管しておくべきである。こうした面での地元行政
の役割も大きい。

4 章

男鹿のナマハゲの継続と復活・再開
——ユネスコ登録をめぐって

（伊藤 直子）

　重要無形民俗文化財「男鹿のナマハゲ」は、人口減少や生活様式の変容により、まつり（行事）の担い手不足や受け入れる家の減少など課題は多い。しかし、ユネスコ無形文化遺産への代表リストの記載（以下、登録）が追い風となり、行事の復活・再開など前向きな流れをもたらしている。ここではその事例と保存継承における文化財保護行政の関わりを紹介する。

来訪神としてのナマハゲ　「ナマハゲ」といえば、今や秋田県で最も知名度がある民俗行事の1つであり、メディアにも数多く登場する。しかし本当のナマハゲは1年に1日、大晦日の夜にだけ現れる。

　1978（昭和53）年に重要無形民俗文化財に指定され、2018（平成30）年に「来訪神：仮面・仮装の神々」としてユネスコ無形文化遺産に登録された「男鹿のナマハゲ」。秋田県の沿岸中央に突き出す、男鹿半島のほぼ全域で行われている行事である。

　ナマハゲは大晦日の夜に、いっせいに行われる。夕方、神社や公民館で神事を行い、若者たちがナマハゲに化身する。冷たい風と雪の中、市内各所でナマハゲが家々を回る。1年の厄を祓い、来る年に福をもたらす「来訪神」だ。

　さて、男鹿のナマハゲについて、年末にかけてメディアなどで取

表4-1　男鹿のナマハゲをめぐる動き

1977（昭和52）年	男鹿市が現況の調査
1978（昭和53）年	重要無形民俗文化財に指定
1999（平成11）年	なまはげ館の開館
2004（平成16）年	ナマハゲ伝導士の認定試験の開始
2007（平成19）年	大晦日に不適切な騒動発生
2008（平成20）年	ユネスコ無形文化遺産への登録の動きが本格化
2009（平成21）年	「男鹿のナマハゲ」としてユネスコ提案
2011（平成23）年	ユネスコ政府間委員会で情報照会
2012（平成24）年	町内交付金制度にナマハゲ行事も対象化（2020年まで）
2013（平成25）年	「和食；日本人の伝統的な食文化」がユネスコ登録
2014（平成26）年	「来訪神行事保存・振興全国協議会」を設立
2015（平成27）年	田谷沢町内のナマハゲ行事が復活・再開
2015（平成27）年	男鹿市が現況の再調査
2016（平成28）年	「来訪神：仮面・仮装の神々」としての拡張提案
2017（平成29）年	男鹿市主催「ナマハゲしゃべり」開始
2018（平成30）年	「来訪神：仮面・仮装の神々」としてユネスコ登録
2018（平成30）年	小深見町内会（本田）のナマハゲ行事が復活・再開
2021（令和3）年	道具等の購入への補助金制度の創設

り上げていただく機会が多い。そのほかにも、報道からバラエティー番組、企業CMやタイアップ、様々な形でその姿を年中みることができる。知名度は、数ある無形の民俗文化財の中でも抜群だと思う。

　そのナマハゲを、どのくらいご存じだろうか。ナマハゲは、「鬼のような面をつけ、包丁などを持ち、荒々しい動きと恐ろしい声で歩き回り、子どもを泣かせている」という大まかな印象を持っている方が多いのではないだろうか。行事の中のわかりやすい場面を切り取ると、このような印象になるのであるが、この機会にナマハゲ

の伝承状況（継続と復活・再開）についてお伝えしたい。

男鹿のナマハゲの魅力　大晦日は男鹿の子どもたちにとってはとても怖い日である。冷たい風雪の中、ナマハゲは少しずつ家に近づいてくる。家に来ると、鬼のような姿をして、いうことを聞かないと山に連れていくというのだから怖いのも当然だ。それにどんなにいい子にしているといっても、なぜかナマハゲは自分のことをよく知っている。でも、連れていかれそうになると、大人が守ってくれる。男鹿の家ではよく繰り広げられている光景である。最後には親や祖父母などの家族が、うちの子はいい子だといって子どもを守る。メディアで伝えられる、子が泣く場面だけが切り取られている背景には、子と家族の絆を確かめ合う儀式が含まれている。

　だがそればかりではない。ナマハゲは、子どもがいる、いないにかかわらず、町内すべての家を回る。そして「来年も来るからまめで（元気で）いろ」と声をかけていく。大晦日にナマハゲがやって来ることで家の厄は祓われ、新しい年を迎えられる。ナマハゲはまた、1年中、近くの山から人々の暮らしを見守っている存在でもある。ナマハゲは、男鹿の人の心に浸み込んだ文化である。

　このナマハゲ行事は、男鹿半島の全域に分布し、現在は市内の90町内ほど、6割を超える町内で実施されている。他地域の来訪神行事で、これほど濃密に分布して実施されているものがあるのだろうか。大晦日の夜、市内を車で移動すると、至る所でナマハゲに遭遇する。そして、その姿は様々であることに驚くかもしれない。ナマハゲの一番の魅力は、それぞれ皆違うこと、多様性である（写真4-1）。もちろん、男鹿の風土や生業により培われてきた背景・根底にある思い・信仰は同じである。しかし、全く違う行事かと見紛うほ

写真 4-1　いろいろな地区のナマハゲ（なまはげ館提供）

ど、町内ごとに様々な雰囲気のナマハゲが存在する。面の色だけでも、赤・青だけでなく、緑・金・銀など様々である。また、独自のしきたりを持ち、思い思いの面を作り、衣装も様々である。伝統的な面を守り続けている町内、その時々の担い手が思いを込めて面を作り上げる町内、行事への向き合い方もそれぞれだ。そして、どの町内をみても、その姿は本当に魅力的で、この先もずっとこの多様性を失わずに続いてほしいと思う。

文化財保護行政 とナマハゲ

男鹿市では、大晦日の「男鹿のナマハゲ」が守るべき民俗文化財としてあると同時に、観光資源としての「なまはげ」もまた男鹿を代表するコンテンツとして、同じように大切にされている。無形民俗文化財の男鹿のナマハゲが現在も市内全域で実施されている一因には、観光としての「なまはげ」が常に注目されてきたこともあるとの意見もある。

　ただ、男鹿市役所では長い間、文化財と観光という住み分けが曖

昧になっていて、現在のような形に整理・認識されるようになったのはごく最近のことである。そして、そこにはユネスコ無形文化遺産登録が大きく関わっているのである。

　男鹿のナマハゲは、2018（平成30）年にユネスコ無形文化遺産に登録されたが、その道筋は必ずしも順風満帆ではなかった。実は遡ること約10年、2009（平成21）年に「男鹿のナマハゲ」として、一度登録への提案（申請）をしていたのだが、すでに登録となっていた「甑島のトシドン」（鹿児島県薩摩川内市）に類似しているとの理由から情報照会（登録のためにはさらなる追加の情報が必要）の決議を受けていた。その後しばらくは、登録への動きもみえずにいたが、2018年ようやく甑島のトシドンを拡張した「来訪神：仮面・仮装の神々」として全国の10件の来訪神行事が一括で登録となり、男鹿のナマハゲも悲願達成となった。

　この登録から3年半ほど経過した今、改めて振り返ってみると、ユネスコ登録へ向けた二度の動きは、近年のナマハゲの動向に対して大きな影響を確実に与えてきたと感じる。

　私が男鹿市役所に入庁したのは、2001（平成13）年のことである。当時から現在まで、所属名が教育委員会から観光文化スポーツ部へと変更しているが、継続して文化財保護を担当してきている。入庁当時、ナマハゲ行事の担当は、観光部局であり、ナマハゲは観光に欠かせない男鹿を代表する存在として位置づけられていた。そのいっぽうで、文化財としての保存継承への取り組みは、あまり行われていなかったのである。

　当時の状況としては、ナマハゲを行う町内は減少傾向にあるのに加え、時代の変化とともに内容の簡略化も進み、総じて大きく変化している状況であった。このことに危機感を抱いた男鹿市観光協会

は、改めて行事の本質を伝え、伝統的な行事であることをきちんと認識した人材の養成が必要であるとして、ナマハゲ伝導士の認定試験を開始した。2004（平成16）年のことである。これは、行事の研修講座と認定試験を実施するもので、2021（令和3）年の第19回までに全国で1500人余りの伝導士が誕生している。ここからも見て取れるように、当事者の文化財担当がいうのもお恥ずかしい話であるが、行事の保存継承への取り組みについても、文化財保護行政は、うまく主導して実施できていなかった。

　そうした中、2007（平成19）年の大晦日、町内を回り終えたナマハゲが、近隣の宿泊施設を訪問した際、ナマハゲの所作をする中で、女湯に入り込んで女性の体を触ったという騒動が起きた。女性が被害届をださなかったため、事件化しなかったものの、行事が負の面から大きく注目されるきっかけとなってしまった。

　当時、行事について共通のルール作りが必要と観光行政側が提案したものの、行事を実施する側からは、一律のルールを決めることは各町内で長く継承されてきたナマハゲにはそぐわないとして見送りとなった。ただ、このことはその後ナマハゲを実施する側には少なからず暗い影を落とすことになった。

　今振り返ってみると、文化財保護行政側は、主体的に動かず中立的な立場をとっていたように記憶している。騒動の主な要因は、行事のあり方ではなく、社会としての規範にあったため、行政が直接的に介入することは避けるべきであったものの、実施町内が減少傾向にある状況下、行事の背景やあり方について改めて考える機会であったと思うし、それを主導すべきは本来文化財保護行政であった。結果的には騒動に蓋をして終えた結果となってしまった。なお、騒動後、様々な影響があったものの、現在も町内ではナマハゲをしっ

かりと継続して実施している。

　このように文化財と観光の狭間で曖昧な立ち位置となっていたナマハゲであったが、2008（平成20）年に男鹿のナマハゲをユネスコ無形文化遺産に登録する動きが本格化し、その担当を文化財保護行政が担ったことを大きなきっかけとして、行事の実施状況の再把握など、遅ればせながら、保存継承に文化財保護行政が主体的に関わるようになった。2011（平成23）年にユネスコの政府間委員会で情報照会となり登録は先に延びたが、市の姿勢が保存継承へも向いたことは、非常に大きい画期だったと思う。

　「和食；日本人の伝統的な食文化」が2013（平成25）年にユネスコ無形文化遺産に登録されて以降、無形文化遺産登録への国内での評価・注目は一気に高まった。また同年、政府はすでに登録となっていた石州半紙（せきしゅうばんし）に重要無形文化財の本美濃紙、細川紙を追加し、「和紙：日本の手漉（すき）和紙技術」として拡張提案した。この提案・登録以降、次の登録「山・鉾・屋台行事」も含めて情報照会の案件の登録の道も示され、男鹿のナマハゲについても登録への期待が高まってきた。

　その流れを受け、2014（平成26）年、来訪神行事としての拡張提案・登録を目指し、「来訪神行事保存・振興全国協議会」を設立した。事務局を男鹿市に置き、重要無形民俗文化財の来訪神行事10件に関わる保存会・自治体がともにユネスコ無形文化遺産登録を目指し活動を始めた。協議会の設立は、お互いの行事について知り、悩みを共有するよい機会ともなった。

　男鹿市でも、ユネスコ登録という目標が再び明確となり、男鹿のナマハゲが様々な方面で注目され、行事の保存継承への動きも大きくなった。市では、同日にいっせいに行うためお互いにみることの

できない他町内の行事を知る機会や交流の場として、男鹿市菅江真澄研究会と共催で「今さらですが、ナマハゲしゃべりをしてみませんか」（以下、ナマハゲしゃべり）を 2017（平成 29）年から継続的に開催している。これはナマハゲについて皆で考え、自らの経験や聞いたことを自由に話す会である。まずはしゃべる（話す）、そしてそれを聞く中で、現在のナマハゲを続けるための工夫を知り、昔を懐かしみ、町内に情報を持ち帰ってもらう。時には意見がぶつかり合うこともあるが、ナマハゲは各町内それぞれが本物のナマハゲであるため、これが正しいという結論に導くことが目的ではない。

　また、ユネスコ登録への流れと前後して、市では町内交付金制度（市域の各町内に年度ごとに支給される助成制度）にナマハゲを組み込み、行事実施への金銭的支援も始めた（2012 年〜2020 年度）。この制度導入とユネスコ登録への動きにより、それまで休止していたナマハゲを再開する町内もでてきた。平成に入ってから次第に減少しつつあった実施数は増加に転じたのである。そして、2021（令和 3）年度からは、行事に使用する道具等の購入への補助金制度もスタートさせている。

　ユネスコ無形文化遺産への登録は、一度目の挑戦では至らなかったが、結果的にはこの長い準備期間に保存・継承への体制を整えることができた。そして何より情報照会から登録までの間、ユネスコ無形文化遺産への国内評価は大きく高まった。登録は、多くのメディアに取り上げられ、結果的によい結果をもたらしたと思う。恐らく一番驚いたのは、男鹿の各町内で粛々とナマハゲを続けてきた方々だったと思う。行事への外からの評価の大きさは、これからも行事を続けていく大きな力になっていくと思う。

ナマハゲ行事を復活・ 再開するということ	ここでは、長くナマハゲを行っていなかっ た町内が行事を復活・再開した事例を紹介

する。まず先にお伝えしたいことは、ナマハゲはそもそも毎年行わ れるもので、長く行っていなかった町内が復活・再開を遂げたこと がメディア等に大きく取り上げられること自体に違和感を覚えると の意見もあることだ。行事を支えているのは、あくまでも長く粛々 と続けている多くの町内である。そのことに敬意を表しつつ、近年、 ナマハゲを復活・再開した町内を紹介する。

　ナマハゲを復活・再開するためには、とても多くの労力を要する ことが共通している。まず休止した状況を再整理し、次いで再開す るということへの周囲の協力や行事を進める側の人員確保、さらに は迎え入れる家々の理解を得て初めて、ナマハゲを実施することが できる。

　最初の事例は、若美地区小深見町内会（本田）のナマハゲである。 ここでは、次世代に繋げるための持続的復活・再開の体制作りが重 視された。

写真 4-2　小深見のナマハゲ（木元義博氏提供）

　2018（平成30）年、ユネスコ登録後の最初の大晦日、男鹿市西部の八郎潟残存湖に近い小深見町内会（本田）では、二十数年ぶりにナマハゲが町内を回った（写真4-2）。復活・再開の立役者は、市役所職員の木元義博氏である。市内でも大規模な町内である小深見町内会であるが、50年ほど前に中断し、長くナマハゲを行っていなかった。木元氏自らが若い頃には一時再開し、青年会活動として参加していたナマハゲ行事。その後は担い手がいなくなり途絶えていたのである。

　ユネスコへ提案中の2017（平成29）年に、脇本地区飯ノ森町内会がナマハゲを再開した。きっかけは2015（平成27）年に、男鹿市が28年ぶりに実施したナマハゲの悉皆調査であった。町内の安藤義丈氏は、周りの町内の実施状況を知り、もう一度やってみようと思い立ち、周囲に協力を求め、ナマハゲを再開した。木元氏は、この飯ノ森町内会のナマハゲ再開の話を聞き、かつて一緒に行事に携わった同年代の仲間とともに、「本田なまはげの会」を立ち上げた。そして復活・再開のタイミングは、翌年の大晦日、ユネスコ登録に沸く中でと決めた。

　実際にナマハゲ役を担うのは、地域の若い人である。木元氏たちは、準備期間を十分にとり、「続けられる形で復活・再開すること」を何よりも重視した仕組みを考えた。

　まずは、若い世代が家族と正月を迎えられるよう、終了時間を早めに設定し、効率的に回ることとした。また、事前に全世帯に受入れについて意向を確認・調査し、希望する家のみへの訪問とした。長くナマハゲを行っていなかったため、受け入れる家側にも戸惑いがあり、1戸ずつ丁寧に説明をして回った。「しきたり」を気に留め、ナマハゲへの振る舞いについて躊躇する家には、ナマハゲを迎える

際のお膳を無理に準備しなくてもよいと話をし、形に囚われず、できるだけ多くの家に受けて入れてもらうことを重視した。

　木元氏の話で印象的だったのは、復活・再開するならば次の世代に繋げていくことが何より大切ということであった。そのために丁寧に町内会や地域の住民へ話をし、支援を得ることで、復活・再開は大成功を遂げた。家人からは「やっぱりナマハゲが来なければだめだ！」との声まであがり、初めてナマハゲとなった担い手も、楽しみながら行事を終えた。

　続いての事例は、田谷沢町内会のナマハゲである。ここでは、行事の復活・再開と新しい面作り（写真4-3）が印象的であった。

　脇本地区の田谷沢町内は、中世城館の史跡脇本城跡の麓に位置する。1993（平成5）年以来、町内の少子高齢化により長く行っていなかったナマハゲを2015（平成27）年に復活・再開した。

　子どもの頃に体験したナマハゲを、自分の子どもたちにもみせたいという若い父親の思いに地区の若手たちが賛同し、「田谷沢なまはげ会」を立ち上げ、準備を進めた。地元の家々ではとても喜んでナマハゲを迎えてくれた。復活・再開当時のナマハゲでは、40年ほど前に作成された面を使用していた。米をつぶしたものを素材とした、鬼のような恐ろしい顔の面である。

　町内にはそのほかにも古い面があり、これは現在、市内の展示施設「なまはげ館」に展示されている。こちらはザルを素材とした、何ともいえない味のある顔立ちの面である。復活・再開から6年目の2021（令和3）年、なまはげ館に展示されているこの古いザル面をイラスト化し、お菓子のパッケージとして使用したいと、地元在住のデザイナーである鈴木由紀子氏より依頼があった。それをきっかけに古いザル面でナマハゲを行ってみようという話が盛り上がった。

田谷沢ナマハゲ面作りの過程 2021 11月7日　下地作り

材料

11月21日　目や鼻などの形を作る

11月28日　色塗り

12月12日　角、髪の毛をつける

12月21日
完成

写真 4-3　新しい面作り（鈴木由紀子氏提供）

写真 4-4　田谷沢のナマハゲ

　しかし、古いザル面自体は 60 年以上も前のもので、行事で使用すると破損の恐れがあるため、同様の面を新たに制作することになった。鈴木氏のアドバイスを受けつつ、材料の調達から始まり、素材の吟味、軽量化など、試行錯誤しながら、2 か月間何度も公民館に集まり作業を進め、赤・緑の 2 つの面を作り上げた。

　私も、完成間近の制作現場にお邪魔した。「田谷沢なまはげ会」の板橋純一会長は、「この面をみたら（昔を思い出して）びっくりするかな、喜んでくれるかな」と穏やかな表情で話し、他のメンバーも真剣かつ本当に楽しそうに制作している様子がとても印象的だった。またその日は、藁の衣装であるケデの制作（これをケデ編みという）も行ったが、一連の作業を、若い保存会メンバーに地域の年長者がサポートしながらともに行っていた。

　昔のナマハゲのことや現在の町内の話など、様々な話をしながらの作業は、柔らかな雰囲気に包まれており、とても大切な時間に感じた。ナマハゲの魅力は、準備作業から始まっているのだと実感した。

　いよいよ大晦日。この数日で降り積もった雪景色の中、静かな集

落にナマハゲの声が響いていた。古いザル面の復活は、新聞等で報道されていたこともあり、住民の方々はいつも以上にナマハゲの来訪を心待ちにしていたようだった。家の戸を激しく揺らし荒々しく入ってくるナマハゲは、まさに異界からやってきた神の姿であった。子どもにとっては恐ろしい存在であるが、家の厄を祓い去っていった後は、家族皆が笑顔となる。そのような温かい存在でもあった。

　2つの事例は、いずれもユネスコ登録を大きなきっかけとして動き出した。そして、前者の小深見町内（本田）は、かつてナマハゲを経験し、人生経験を経た世代が、行事を俯瞰しつつ今の時代に合わせた行事との向き合い方を重視しながら復活・再開させた事例である。また後者の田谷沢町内は、行事を担う若い世代が周りをうまく巻き込み復活・再開し、その後も新しい取り組みを継続している事例であるといえよう。この2つの事例からは、行事の復活・再開においては、継続と挑戦という一見真逆のことを意識・担保することが重要であることがわかる。

　また、どちらの事例についても、私が聞き取りをする中で強く感じたことは、ナマハゲがやって来る大晦日への熱い思いと、伝統的な行事への真摯な姿勢であった。ナマハゲの実施に欠かせないこと、それは他の無形民俗文化財にもいえることだと思うが、主体となっている人々が何よりも熱意と敬意を持っていることである。それと同時に周囲、ナマハゲの場合は、町内会の構成員が広く理解を示し、サポートする体制が不可欠である。

ナマハゲを行うこととナマハゲを受け入れること

ナマハゲを行うためには、ナマハゲ役とそれを受け入れる家の両方がそもそも必要である。男鹿市は、秋田県内でも高齢者の割合が高く、行事を担う若い男性が相対的に少ないという状況がある。そのため、

本来はナマハゲ役を引退するような年齢になってもなお続けて行う、帰省者や友人の力を借りるなどで担い手を確保し、行事を実施している町内も少なくない。そのため、この数年のコロナ禍で休止した町内には、そもそも帰省者がいないためナマハゲ役が不足したとの理由をあげているところもあった。

　加えて現実的にはそれを改善するだけでナマハゲを行えるわけではない。受け入れる家がなければ行事は成り立たないのである。実はこちらの方が難しい問題である。かつては当然のように家に入り、家中を歩き回ることで厄を祓い、家人のもてなしを受けたものだが、今は玄関先で留める家も増えている。また、しきたりが煩わしい、もてなしの準備が大変である、藁が落ちたりして家が汚れる、などの理由で来訪自体を断る家も増えている。

　2021（令和3）年12月に開催した「ナマハゲしゃべり」では、この「ナマハゲを受け入れる側」をテーマとして意見交換を行った。その際、「行事の本質を理解していない」「来訪神としての理解があれば、たとえ玄関先でも迎え入れるはず」「正しい認識を持ってもらうことが必要」との意見があげられた。

　行事の根底にあるものは、年の節目にやってくる来訪神としての存在であり、行事が暮らしの一部だということである。このことは、かつては年長者から家や集落に半ば自然に伝わる教えの中にあったことなのだろう。日常的な町内のコミュニケーションが少なくなっている現在、その役割を行政や学校教育が担うことも必要になってきていると思われる。

　市内の子どもたちは、保育園等の遠足でなまはげ館を訪れ、小学校でもコミュニティスクールの取り組みとして地域の方からナマハゲを学んだり、衣装作りを体験したり、様々な機会を作っている。

学校現場に取り入れてもらうことは、ナマハゲを小さいうちから体験している子どもだけでなく、ナマハゲを実施していない町内の子どもにも同様に、ナマハゲの教えや背景を伝えることができる。男鹿にしかない魅力と誇りを子どもたちに伝えるためにナマハゲは最強の教材だと思う。

　またすべての世代へ行事の本質を伝えることは、文化財保護行政の役割である。パンフレットやガイドブックの配布、シンポジウムの開催等、試行錯誤しながら実施してきているが、正直なところなかなか難しい。地元の方はナマハゲを当然知っていると思っている。ただ、深く理解しているわけではないかもしれない。また、地元だけではなく、広い世代、地域の方にナマハゲの魅力や本質を少しでも伝えていくことは、私自身の課題でもある。

ナマハゲは守れるか　冒頭に述べたように、ナマハゲは男鹿半島の全域、約90の町内で実施されている。この多さは、継続・継承の中に変化を受け入れる寛容さがあることを象徴していると思われる。例えば、ある地区では手入れしながら長く使用していた手作りの面から、木彫りの購入面へと変えるなど、行事を継続していくためには大きな変化を許容する。極端にいえば、行事を休止することも復活・再開することも同様の論理の範疇に入るだろう。

　新型コロナウイルス感染症の影響は、ナマハゲにも大きな影響を与え、この間一時休止する町内も多かった。2020（令和2）年は例年の4割弱、2021（令和3）年は7割ほどの実施であった。この大きな揺さぶりは必ずしもマイナスの要素だけではない。行事を行ってよいのか、どういう形でなら実施できるのか、町内ごとに行事の実施・継続について改めて真剣に考える機会ともなっていた。これからも続けるために今年はやらないと強い宣言を発したところもある。

またこれまでのようにのびのびと行事ができる日が来たら、男鹿半島の全域でナマハゲの威勢のいい声が響き渡ると思う。

　そしてこういう言葉も聞くことができた。「町内でみんなナマハゲを待っていて、家に行くと喜んで迎えてくれる、そしてやる側も楽しいからやるんだ」。何よりも力強い。ナマハゲが去った後、泣いている子どもを囲み、家族は温かい笑顔に包まれる。そんな光景が目に浮かんでくる。いろいろな課題を抱えつつも、やはりナマハゲはまだまだ大丈夫というのは、文化財保護行政担当者としては楽観的過ぎるだろうか。

●参考文献
石垣悟 2014「文化財保護の視点から（無形の）民俗文化財を考える」新谷尚紀監修、広島県北広島町編『ユネスコ無形文化遺産　壬生の花田植——歴史・民俗・未来』吉川弘文館
男鹿市教育委員会 2017『重要無形民俗文化財　男鹿のナマハゲ——行事実施状況調査報告書』男鹿市教育委員会
男鹿のナマハゲ保存継承協議会 2021『ユネスコ無形文化遺産　重要無形民俗文化財　男鹿のナマハゲ——実施状況調査報告書』男鹿のナマハゲ保存継承協議会

コラム4　踊りを休止するという道を選ぶこと

(俵木 悟)

　大里七夕踊は、鹿児島県いちき串木野市大里地区の 14 の集落が参加して行われてきた大規模な民俗芸能である。1981（昭和56）年には鹿児島県本土の民俗芸能として初めて国の重要無形民俗文化財に指定された。文化財指定にあたっては、集落ごとに担当する 4 体の動物（鹿・虎・牛・鶴）の作り物や複数の行列物などから構成される風流踊の芸能演出の特色が評価されたようである。しかし地元の人々は、この踊りを「青年の踊り」として長く大切にしてきた。各集落の青年団がすべての労力と費用を請け負って主体的に運営するのが本来のあり方だという考えは今も根強い。とりわけ毎年各集落から 1〜2 人ずつだされる青年の踊り手によって演じられる太鼓踊は、その役を務めることが青年団を退団する条件とされることもあり、地域社会で一人前として認められるための通過儀礼の意味も持っていた。

　しかし平成の時代になって、過疎化や少子高齢化の影響によって青年主体の踊りの継続が難しくなり、保存会が結成されて青年団のサポートを行うようになった。2008（平成20）年からは人手不足によって太鼓踊の踊り手をだせない集落が参加を見送ることが常態化し、やがて踊りから完全に撤退する集落も出始めた。このような窮状に対して、集落ごとの青年団や踊りの全体をとりまとめる保存会も様々な対策をとってきた。保存会の主導で組織的に改革を進め、青年団単位ではなく壮年男性も含めて集落をあげて踊りに取り組んだり、女性が太鼓踊を務めたりといったことも試みられた。中でも近隣の高等学校や企業などに協力を依頼し、集落外から踊り手を募る試みは大きな成果をあげ、最大で 50 人ほどの外部協力者が参加するまでになった。しかし外部協力者を迎えて踊りを実施することで、それまでになかった負担が数少ない地元の担い手にかかることにもなった。頼まれて協力する外部からの参加者と、踊りの存続のために不可避的な関わりが求められる本来の担い手の間に大きな責任の差が生じるのは避けがたい現実である。この踊りは誰のためのものか、改めて考える局面を迎えていたといえるかもしれない。

　2017（平成29）年の年末、筆者は、この踊りを休止することを具体的に検討していると保存会の役員たちから聞いた。奇しくも同じ頃、この踊りを含めた国指定重要無形民俗文化財の風流踊をグルーピン

グして、ユネスコ無形文化遺産の候補として提案する計画が地元に
も伝えられた。彼らは今後の継続が見込めないと判断し、この提案
に賛同しなかった。そして翌年から2019（令和元）年の春までに参
加集落の代表者らを集めて何度かの協議を行ったうえで、2020（令
和2）年の踊りを最後に、現行の七夕踊を休止することを決めた。

　近年続けてきた改革がそれなりに機能していたこともあり、筆者
には、すぐに踊りの実施が不可能になるほど切迫していたようには
思われなかった。それにもかかわらず、彼らが休止という道を選ん
だ理由は何だったか。聞き得たところをまとめると、近い将来に状
況が改善する見込みはなく、このまま続けても撤退する集落が増え
るのが目にみえている中で、途中で脱落した集落が非難されるのも、
また最後まで続けた集落が最も大きな苦労と責任を負わされるのも
避けたいということであった。ともに1つの踊りを担ってきたどの
集落にも過度な負担をかけず、無理を強いて地域の結びつきを崩す
ようなことになる前に、それなりの規模でできるうちに最後の踊り
を盛大に開催して、皆で揃って終わろうじゃないか、というのが彼
らの考えだったのである。それだけに、「最後の踊り」になるはず
だった2020年も、またその翌年も新型コロナウイルス感染症の影
響で実施が見送られることになったのは何ともやるせない思いであ
る。

　人生の最期を迎えるための「終活」や、先祖代々の供養に区切り
をつける「墓じまい」が話題になるように、伝統的なまつりについ
ても、残すことや守ることだけを考えるのではなく、いかに「終わ
らせる」かということに対処すべき時代になってきたのではないだ
ろうか。それは地域の人々だけが抱え込むべき問題ではなく、行政
や研究者も含めて、広く社会的に対峙しなければならない課題であ
る。もちろんその際には、一旦休止したまつりが将来に復活する可
能性も併せて見据えておくべきであることはいうまでもない。より
よい終わりを迎えようとする担い手の思いに応答することも、これ
からの文化財や文化遺産の保護という公共的制度が担うべき責任だ
といえるのではないか。

●参考文献

俵木悟 2021「大里七夕踊と青年団の関わりの一〇〇年」牧野修也編
　　『変貌する祭礼と担いのしくみ』学文社

5 章

赤米神事を継承する
——精神文化を介した連携と発信、そして還元

（相川 七瀬・石堂 和博）

　たった１人で継承しているまつりが対馬にある。赤米神事は、対馬、種子島、岡山県総社市、それぞれの保存会で伝承の危機にあった。アーティストの相川七瀬の提唱から始まった３者による赤米文化交流の実践は、コミュニティ外からの注目を集め、情報発信を強力に進めると同時に、赤米神事の多様な価値を保存会や地域社会が再認識し、守り活用する契機となり、今、まつりの伝承の新たな原動力となりつつある。

赤米神事と
赤米文化交流　日本列島には、熱帯ジャポニカ種とされる赤米をハレの行事に用いる赤米神事が３つ伝承されており、いずれも文化財指定されている。鹿児島県南種子町の「種子島宝満神社の御田植祭」（2016 年国指定）、長崎県対馬市の「豆酘の赤米神事」（2002 年国選択）、岡山県総社市の「新本両国司神社の赤米の神饌」（1985 年県指定）である。

　種子島宝満神社の御田植祭（以下、御田植祭）は、種子島の東南端、南種子町茎永地区に鎮座する宝満神社で行われる。全国にみられる田植えを儀礼的に行う御田植祭のうち、列島最南端で、最も早い時期に行われる。田植えに用いられる赤米は、オイネ（御稲）と呼ばれ特別視されている。行事はまず御田の森で赤米の苗を供え、祝殿と呼ばれる神主が祈禱を行う。その後、隣接するオセマチと呼ばれる

神田で田植歌に合わせて田植えが行われ、次いで隣の舟田と呼ばれる三角形の田で、社人夫婦が両手に赤米の苗を持ち御田植舞を奉納する。最後に直会が行われ、赤米の握り飯などが振る舞われる。

豆酘の赤米神事は、対馬の南西端に位置する豆酘に伝わる。行事を担うのは、頭仲間と呼ばれる、いわゆる宮座の一種である。旧暦1月2日から12月末に至る1年間に、頭受け、三日祝い、田植え、お吊り坐し、初穂米、斗瓶酒、日の酒、餅つき、初詣り、潮あび、家祓いなどの諸行事が行われる。中でも頭受けは重要とされる。

岡山県総社市の赤米神事は、本庄国司神社の霜月祭・正月祭、新庄国司神社の霜月祭において、神田や当番の所有田で栽培された赤米を用いて作られた伝統的な神饌を供える。2つの国司神社では、御田植に始まり、様々な行事が受け継がれている。

2014（平成26）年3月、アーティストの相川七瀬の提唱により、3つの自治体の長と保存会長が対馬市に集い、「赤米伝統文化交流協定」を締結し、赤米交流が始まった。その協定書には、「国内で三ヶ所、古代赤米が伝承された地域という縁を大切にし、今後、三市町の友好と交流を深め、『赤米文化』を守り、未来の世代に伝えることを目的とする」と記されている。つまり、この協定は3つの自治体の長による民俗文化財を守るための姉妹都市協定である。協定締結式では、相川七瀬から「豆酘の赤米神事は継承の危機に瀕している。3つの地域が手を取り合い、お互いの赤米神事、伝承活動について学び合うことで、次世代に繋げるヒントが得られるのではないか」と提言があった。

2014年10月に南種子町で行われた最初の交流活動「赤米サミット」では、保存会同士の活動報告と意見交換を柱に据えた。各保存会の活動が報告され、意見交換された後、保存会が連携し合い、赤

米文化を未来に伝えることを誓う「保存会による共同宣言」がなされた。また「より多くの人たちに赤米文化を知ってほしい」という思いが聞かれるとともに、保存会にとって赤米神事の継承は金銭的な負担が大きいことも明らかとなった。3市町の首長、保存会、文化財担当者、著名人が参加し、マスコミも取材する中で課題が明確になったことは重要で、早速、各地域で課題解決へ向けた取り組みが加速した。まず、翌年度以降の赤米交流では、広く市民向けのシンポジウム・講演会などが持ち回りで開催されるようになった。また、赤米の文化資源化と商品化が進み、その収益の一部が伝承活動に活かされるようになった。

　離島に比べ都市部からの誘客が容易な総社市では、チャリティコンサート「赤米フェスタ」が企画され、相川七瀬により幅広い層へ

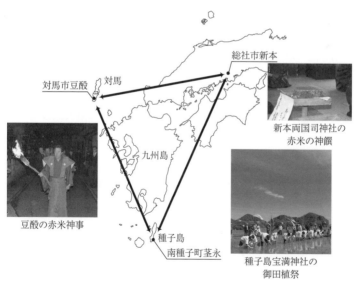

図 5-1　赤米文化交流の地域

の普及啓発がなされた。その収益は赤米ヒカリノミ基金として、赤米交流や伝承活動に利用され、赤米交流の公式ホームページの資金ともなっている。公式ホームページでは、各地の最新情報をブログ形式で随時配信している。この事業は、総社市の観光部局が行っており、行政内の部局を超えた連携が生まれていることも重要である。

2017（平成29）年の赤米サミットは、「赤米文化を、未来を生きるこどもたちへ」をキャッチフレーズに南種子町で開催された。御田植祭には、伝統の田植歌が欠かせない。サミットでは、赤米を伝承する地元、茎南小学校の児童が初めて田植歌を歌い、太鼓を披露した。

このように赤米交流では保存会を主役とし、地域住民と子どもたちが参画し、多様な情報発信と保存会への還元を実践している。

本章では、赤米交流という過疎地域の小規模な保存会同士の交流・連携が、まつりの継承にどのような影響を与えてきたか、特にその外部発信と内への還元について、神という精神文化にも留意しながら紹介する。

| 豆酘の赤米
神事の姿 | 対馬市、南種子町、総社市に古来より伝承されてきた赤米神事は、日本列島に稲作が伝来したルーツと、 |

古代から人々がどのように稲について考えてきたのか、その精神文化をたどることができる貴重な神事である。各氏子を中心とした保存会は、少子高齢化問題に直面しながらも、懸命に赤米神事を繋いできた。中でも対馬市のそれは、近年継承者が1人というきわめて困難な状況に立たされてきた。ここでは、豆酘の赤米神事に起きた社会的変化と、その変化の中に生きる氏子の思い、神田の赤米にこの先どのような役割があるかについて2011（平成23）年から現在まで関わってきた私の視点から記してみたい。

　対馬には延喜式に記載される神社が 29 社ある。これは一地域の数としては全国で一番多い。朝鮮半島までわずか 49.5km というその立地は、神功皇后の三韓征伐で重要な要塞として扱われ、その後も東アジアへの玄関として中央政権から特別な意識を向けられてきた。そうした中で赤米は、5 世紀末、顕宗天皇 3 年に高皇産霊尊を祀るために献じられたと伝えられている。赤米神事は、厳原町豆酘にある多久頭魂神社が管轄し、2019（令和元）年まで続けられてきた。

　社伝によれば、多久頭魂神社の創祀は神武天皇元年とあり、境内に式内社の高御魂神社がある。高御魂神社は、龍良山（地元では天道山と呼ぶ）を神奈備山とし、高皇産霊尊五世の孫である対馬県主建弥己己命が、天神地祇を祀ったことを起源とする。

　多久頭魂神社には、国の重要文化財に指定された梵鐘があり、豆酘観音堂鐘とも呼ばれる。この神社の拝殿である豆酘観音堂には、かつて、聖武天皇が諸国に安置したとされる十一面観音像が伝えられており、平安時代以降、豆酘御寺とも呼ばれていた。中世以降、龍良山の天神地祇の信仰は、神仏習合が進み、聖者天道法師の誕生地としての性格を帯びて不入の地とされた。このような背景から、現在も豆酘の赤米神事には仏教的要素、特に真言密教の影響が色濃く残されており、南種子町や総社市の赤米神事と一線を画す。

　豆酘の赤米神事は、秋に収穫した赤米の種籾を俵に詰め、頭仲間と呼ばれる当番の氏子の家の天井に吊るし、1 年間この俵を神（俗称、お天道さま）として祀るものである。かつて豆酘は、身分により上町、中町、浜町の 3 つの集落に分かれており、このうち赤米を作る頭仲間になることのできたのは、昔からの士族の子孫が住むとされる上町と中町であった。その昔、上町と中町のほとんどの家が、赤米を

育てており、神様を家でお祀りする頭受けを行う資格を持つ頭仲間だった。なお、浜町は漁業関係者が多く、よそから住み着いた人も多いとされた。

上町には、「供僧」（宮僧、社僧とも書く）という赤米神事の重要な役割を担う家も9戸あった。供僧は、赤米神事を取り仕切るだけではなく、赤米の俵＝御神体に神を降臨させる神官でもあった。かつて、赤米神事に限らず豆酘の年中行事のすべての祭祀は、この供僧と称される"僧侶"に取り仕切られていた。供僧は、真言密教の特殊な経文や秘法、祭文などを所持し、中世からの各種の祭祀を継承してきた。江戸時代、対馬藩が神道復古を求めた時も、「豆酘の供僧はこの限りにあらず」（本石 2007）とされたほど、供僧は豆酘社会の宗教者として大きな影響力を持っていた。供僧がいなくなることは、赤米神事で神を降臨させられなくなるに等しいといえ、供僧がいかに神事にとって重要であり、また集落にとっても不可欠な存在であったかが推測できる。このようにみてくると、赤米神事は頭仲間と供僧の両輪で運営・伝承されてきたことがわかる。

赤米神事の受難 ──近現代と赤米神事

赤米神事を取り巻く社会環境に起きた変化を明治時代から現代まで概観したい。

1868（明治元）年、神仏分離令により、僧侶ではなく神職の祭祀が求められた多久頭魂神社に神社本庁から外部宮司が派遣されてきた。しかし豆酘では、これを拒絶し、供僧が神職の免許をとることで柔軟に対応した。こうして供僧は1905（明治38）年から昭和後期まで一切脱退なく受け継がれてきた。ここにもその役職の重みをみることができよう。

いっぽうの頭仲間は、明治30年代は24戸が名を連ねていたが、脱退もしばしば起きていた。特に昭和に入ると生活様式の大きな変

化による離農や転居などを理由に確実に減っていった。

　そうした中、1979（昭和54）年、供僧の最高位の家柄の脱退を機に、6戸の供僧が相次いで脱退に至った。また頭仲間も1996（平成8）年には9戸、2001（平成13）年には3戸、2004（平成16）年には1戸と漸減した。

　2011（平成23）年、私は、日韓友好コンサートで訪れた対馬の地で、たった1人となった頭仲間、主藤公敏さんと出会った。その時、供僧もまた高齢になった本石正久さん1人で、赤米神事はこの2人を中心に、親戚などの援助を得て何とか続けている状況だった。当時、主藤さんと集落、行政は全く連動していなかった。対馬市に「なぜ、これほどの文化財を市は何もバックアップしないのか」と率直に質問を投げかけた。返ってきた言葉は政教分離原則もさることながら「豆酘集落の持つ特異性に、安易に助言・介入できない」ということだった。そのような理由で、伝承者は孤立し、古から続く赤米神事は誰からの応援も得られず歴史に沈んでいくのかと、衝撃を受けた。超高齢化が進む日本でこのようにして消えていくまつりが、いったいどれほどにのぼるのだろう。そう思うと、たった1人で神のために赤米神事を続ける主藤さんを外側からでも支えたいという気持ちが芽生えた。部外者の私だからできること、それは「継承者・集落・行政が三位一体になるコミュニケーションの橋渡しである」と活動を始めた。

　しかしその中で、赤米神事の核を担っていた最後の供僧本石さんが2015（平成27）年に亡くなった。以降、赤米神事は本石さんがテープに吹き込んでおいた祭文を流して行うしか方法はなくなってしまい、しばらくは供僧不在となった。現在は赤米行事保存会の方が修行しその祭祀法を会得されている。しかし厳密にいえば、その

方は供僧の家系ではなく、年齢的なことも考えると、厳しい状況に変わりはない。このような「供僧」「頭仲間」という特有かつ厳格な役職による祭祀が、南種子町や総社市と違い、赤米神事の継承をさらに難しくしたと私は考えている。

| 赤米神事の継承を願って——今できることとは |

こうした中、2014（平成26）年、赤米神事の存続のため、保存会に私も協力して、対馬市、総社市、南種子町との間で赤米神事に関する姉妹都市協定「赤米伝統文化交流協定」を結んだ。そして「赤米サミット」を毎年持ち回りで開催し、互いの交流を図りながら、それぞれの課題を共有してきた。サミットは、あくまでも氏子を主役として赤米神事を未来にどう残していくかという議題で行われた。

しかし、サミットが2周した頃にその継承を大人だけで議論していくことに限界を感じるようにもなった。そこで私は、古い記憶をただ伝えるだけに留まらず、子どもたちに参加してもらい新しい体験を通じて赤米神事を伝える場としてサミットを活用していくことを提案した。継承とは"命を繋ぐ"ことを意味するのであれば、大人ではなく子どもたちをサミットの主人公にしようと舵を切ったのである。すでに宇宙留学（他県から小学生を呼ぶ留学制度）を行っていた南種子町、英語・音楽特区などを展開して教育に先進的な総社市からは、スムーズにこの提案に賛同が得られた。しかし、対馬市は先に述べたような担い手の制約が強く、特に子どもや女性の神事や神田への参入が南種子町や総社市と比べて鈍かった。ここにも仏教の影響があったように私は考えている。神道では女性や童子は神に近づける唯一の存在として祭祀の重要な場で活躍をみせたが、仏教では時代が下るにつれて家父長的家族観や女性不浄観が成立したためといえよう。

写真 5-1　赤米子ども交流プロジェクト
（神田で種子島の赤米を学ぶ総社市新本小学校児童）

　ただ、そうした中でも対馬市も確実に呼応した。豆酘小学校の子どもたちが 2016 （平成28） 年から本格的に赤米サミットに協力してくれるようになったのである。このことを受けて、総社市や南種子町との間で「赤米こども交流プロジェクト」（写真 5-1）と題する相互学習プログラムを夏休みを利用して 2018 （平成30） 年から開始することになった。経費は、3 つの自治体の予算と、私が総社市と行っている音楽フェスティバル「赤米フェスタ」から得た収益の一部を寄付した赤米ヒカリノミ基金である。2018 年の第 1 回目は、南種子町に総社市の子どもたちがやってきた。第 2 回目は、総社市に南種子町の子どもたちが、2019 （令和元） 年の第 3 回目には対馬市に総社市と南種子町の子どもたちがやってきた。今までは写真や映像でしかみられなかったお互いの地域の赤米の神田をみることで、子どもたちの中に次世代の担い手への明かりが灯ることを期待したが、その矢先の 2019 年に主藤さんが病に倒れてしまい、以降現在まで

豆酘の赤米神事は中断している。加えて、新型コロナウイルス感染症により直接の交流も中止が相次ぎ、リモートでの交流のみとなった。こうした中止や自粛に甘んじるしかない間に、誰も手を入れることのない豆酘の赤米の神田は、絶滅寸前という荒地となった。令和のパンデミックは、過疎集落が伝える赤米神事にも猛威を振るったのである。

　頭仲間でも供僧でもない部外者の私が、この消滅へのスピードを

写真 5-2　対馬豆酘の赤米神田の手入れ作業

写真 5-3　神田で奇跡的に実っていた対馬豆酘の赤米

少しでも緩めるために取り組んだのは、赤米の神田の手入れをすることであった（写真5-2）。2021（令和3）年10月、対馬市の協力のもと公募で集まった有志20人とともに雑草刈りの名目で荒れ果てた神田に入った。雑草を刈っていくと、2年間田植えをしていない神田に、雑草に混じって赤い稲穂が生命力を誇って実っており（写真5-3）、参加した人々から歓喜の声があがった。

　作業終了後、集落内の方、外部の方、赤米神事に携わる保存会の方を対象にアンケート調査を行った。外部の方からは、赤米神事について、「豆酘の神聖な神事としての認識はあるが、身近なのにわからないことが多い」「近所に住んでいるのに、この神事自体を知らなかった」という声が聞かれた。また、どのように存続していけばよいかという問いには、内外双方から「氏子だけでは限界なので地域だけではなく様々な応援団が必要」と一致した意見がでた。このほか「認知度をあげていくPR活動」の提案もあった。しかし内部からは、「神事はあくまでも神様のためで、観光目的ではない」との主張があったことも見逃せない。

　この「神事は神のため」という信念は、現代社会において単純にコスト換算できない感受性である。確かに神事には労力も金銭もかかり、担い手の負担は大きい。しかし、最後の頭仲間であった主藤さんは、金銭的負担よりも「赤米のことを誰も思わなくなった」ことを一番嘆いていた。このように、労力の対価として彼らが求めるものは、経済としての豊かさでは決してない。人や神との交流によってもたらされる躍動する精神の豊かさである。その昔、赤米の俵が頭受けの家に担がれていく様子みたさに、沿道は見物人で溢れていたという。そして皆、赤米の俵が目の前を通ると「ありがたい」といって手を合わせたそうだ。頭受けは、たいへん名誉な役で

あり、堂々と集落に「我が家に赤米様がいらっしゃる」と神事の豊かさを表現した。このように集落全体が神事を敬うことで、担い手に精神的な豊かさが付与され、神事は維持されてきた。神事に存在していた豊かさとその循環こそが、現代のまつりの継承を取り戻す鍵なのではないか。「もっと赤米神事について知りたい、教えてみせてほしい」という、参加者の意見にもそれがうかがえる。神事を伝承するうえで、それを受け取る人々の共感力もまた取り残されてはいけないだろう。

赤米神事の
未来を考える　　赤い稲穂と初めて出会った時、なんて素晴らしい風景と文化を先人は残してきてくれたのだろうと、稲妻に打たれたような感動に溢れた。「この風景を守りたい」、純粋にそう思った。以来活動を続ける中で感じたのは、対馬の人々に通底する、何かに畏みを抱いているという感覚だ。その何かを口にすること自体、はばかられるという共通の通念があるように映った。中でも豆酘の赤米神事は厳しい戒律で保たれてきたため、安易に語ること自体タブー視されていた。神事をやめると神が祟るといった観念が、豆酘の社会では迷信ではなく存在していたのだ。しかし、その畏みこそが、彼らが神と繋がって生きてきた証であり、形ある赤米神事として、現在まで継承されてきた背景ではないか。彼らが語りたがらないその空間に、神は生きていると感じてならないのだ。同様に、まつりも生きている。その時代に合わせて、少しずつ形を変えて生きているから現在に伝わってきた。形態の保存に傾倒し過ぎると、人は置き去りになる。まつりは、人が行うものであり、人を省いてまつりを保存することは不可能なのだ。

　私が取り組むこれからの赤米神事継承活動は、若い世代に自分の生まれ育った場所・国のことを誇りに思ってもらえるような歴史伝

承の環境作りであるといえる。神事空間を観光資源にするという安直な発想に留まらず、そこに流れる精神性や日本人としてのアイデンティティを、未来を担う人々にどう伝えるかが、目下の使命である。まつりが伝承してきたものが、人々が生きて暮らしてきた命の営みだとすると、それは後世まで繋いでいくべき命の価値観であり、すなわちそれをこそ神と呼ぶのであろう。神は結果的に、人がいなければ祀られる対象にならず、人を置き去りにしてのまつりは存続しない。これからの赤米神事の継承において、この意識を育む活動は必要不可欠であろう。神事が行われなくなった神田に力強く実る赤い稲穂。この生命力こそが、未来を紡ぐ力と信じて、歴史伝承のバトンを次世代に繋いでいきたい。

伝承組織の比較と継承への課題　無形の民俗文化財でもあるまつりは、人の手による「生きた文化財」である。その持続可能な伝承に資することとは何だろうか。小川直之も指摘するように、今、取り組むべきことは「各地の事例を知り、その中から何ができるのかをそれぞれの地域で考え、議論し、実践していくこと」であろう（小川 2020）。ここからは、種子島、対馬、岡山県総社に伝承されてきた赤米神事の現状と継承に向けた取り組みについて比較しながら紹介する。

　特に、種子島や対馬のような離島は、地理的に隔絶されている。そのため、本土で近年実践されている「公募による他地域からのまつりの参加」などの事例を活かしにくい。むしろ、まつりの伝承される地域総がかりで、守る雰囲気、仕組み作りに取り組むことが大切だと感じている。そのために私たちが取り組んできていることをまず紹介し、次にここまで述べられた赤米交流によって、まつりを継承する環境・雰囲気がどのように変化したか、また具体的な継承

への課題解決にどのように資するかについて述べたい。なお、参考文献の末尾に赤米交流に関するホームページ、書籍などをまとめたので興味のある方は、参照されたい。

　さて、種子島の御田植祭は、宝満神社赤米お田植え祭り保存会により伝承されているが、この団体は、この地域の町内会組織である茎永地区自治公民館と宝満神社の氏子団体で構成される。いっぽうで、豆酘の赤米神事の保存会は、宮座の一種とされる頭仲間を母体とする。頭仲間は、豆酘の町内会組織とは一致せず、その成員も厳しく規定・限定されている。よって、頭仲間という古くからの厳格な伝承組織が、何らかの形で豆酘の地域社会の中でうまく維持されない限りは、構造的に担い手問題が発生することになる。

　実は、御田植祭にも古くは大きく３つの統と呼ばれる血縁的氏子組織が関係していたといわれる（下野 2014）。つまり、種子島の場合は、文化財指定以前に、頭仲間に類する古い伝承組織から、現在の町内会組織である茎永地区自治公民館と宝満神社の氏子団体に伝承母体が移行したために、近代以降も比較的安定的に継承されてきた側面が認められる。

　そもそも、「風俗慣習は、時代とともに変わってゆくもので指定してそのままの形で保存するにはなじまない」（文化庁 1976）ものであり、保存会の母体も時代とともに変わっていく。しかし、指定段階でかろうじて頭仲間という古くからの伝承組織が残っていた豆酘の赤米神事では、文化財指定により頭仲間が保存会として固定されたために、現在の生活に息づいている町内会組織全体での継承への転換を図ることが困難となっている。事実、継承の深刻な危機に瀕しているにもかかわらずに豆酘の赤米神事は、相変わらず頭仲間が伝承すべきで、町内会組織には関係ないという声が一般的であると

いう。途絶えつつある赤米神事を継承するには、豆酘に住む人々が地域総がかりで受け継ぐ仕組み・雰囲気作りが欠かせないと思われるが、それぞれの地域ならではの事情があり、相川七瀬が指摘した対馬の人々の赤米神事に対する畏怖にも似た感情などといった、実際にその地域に深く関わらない限りはわからない言語化しにくい課題も多い。しかし、種子島における保存会の変遷例は、豆酘における保存会の今後を考えるうえで大きなヒントにもなるのではと期待される。こうした知見は、伝承の危機を乗り越えるために両地域がお互いの赤米神事の事例を学び合った過程で得られたものであり、赤米交流の大きな成果と考えている。

| コミュニティ外からの多様な注目 | 外部の研究者による調査やマスコミ等による広報など、コミュニティ外からの注目が、ま |

つり継承の意欲を高めることに繋がるケースが多いことは、よく知られている。御田植祭でも同様で、下野敏見による昭和30年代以降の継続的な民俗調査が継承への大きな刺激となってきた話を地元でよく耳にする。また、1963（昭和38）年の日本民族学協会（現日本文化人類学会）による現地調査、1974（昭和49）年の国選択に際しての文化庁の調査、1980～90年代の「稲の道」への関心の高まりに伴う大林太良・渡部忠世らによる調査、2012～14年の国選択を受けての調査など、定期的に外部の研究者による大がかりな調査が行われ、保存会を鼓舞してきた。豆酘の赤米神事でも、九学会による対馬調査を嚆矢に、多くの民俗調査が継続的に行われ、そのことが神事の継承意欲を高めたという。ただ、こうした研究者による学術調査は、確かに文化財の価値を再認識させ、保存会の意欲を高めたが、地域社会全体の赤米文化に対する関心を高めたわけではなかった点は注意しておきたい。

これに対し、上述の赤米交流によるコミュニティ外からの注目は、相川七瀬による赤米への注目、マスメディアを含めた外部からの取材・広報、地域を対象としたシンポジウム、ワークショップの開催、子ども交流、YouTube での配信、ホームページでの定期的な情報配信など多様であり、保存会だけでなく、幅広く地域社会全体が赤米文化の価値に触れる機会を創出し、地域総がかりの継承への関心を高めることに成功している。

次代を担う子どもたちの参画 御田植祭では、少なくとも 1967（昭和 42）年には地元茎南小学校の高学年と茎南中学校の生徒が田植えに参加している。昭和 50 年代に入ると、中学生のみの参加となり、1996（平成 8）年に中学校が廃校すると、小学生の参加に変わり、現在に至っている。また、この頃から稲刈りにも小学生が参加するようになり、種子島では、子どもたちの参加が地域に根づいているようにみえる。

いっぽうで、赤米交流が行われる以前は、小学校の年間行事計画にも、PTA の年間予定表にも御田植祭や稲刈りは記載されておらず、学校要覧や教育方針等にも記載はなかった。小学校への参加依頼は、保存会長からの直前の口頭連絡であり、学校側は慌てて即席の案内状を保護者にだすといった状況であった。それでも当初は、PTA 側も御田植祭に子どもたちが参加するのは当たり前という考えがあったのだが、移住者が増え、若い世代に変わっていくにつれて、その認識も薄くなってきている。定期的に異動する校長や教員に至っては、新しく着任する度に、これは学校が参加しなければいけない行事なのか、と PTA 側に確認してくることも多々あった。つまり、実態としては、地域社会で人望のある保存会長や祝殿が直接依頼に来るため、消極的ながらも参加する者であったわけで、それは個人と

個人との繋がりでかろうじて維持されていた関係であった。

　赤米交流では、各市町で、学校、文化財行政、保存会が連絡を密にとるように努めてきた。また、子ども交流を通じて、学校およびPTAが赤米のことを知り、赤米を題材にした様々な活動に、子ども・保護者・教員が参加する経験を毎年積み重ねてきた。今では、学校およびPTAの年間行事計画にも赤米関係の行事が明記されるようになり、学校要覧にも学校の所在する地域の特色として取り上げられ、その意識は大きく変わっている。国の重要無形民俗文化財に指定された効果も大きいが、それ以上に赤米交流による具体的かつ多様な活動が直接的なきっかけとなったとみてよい。

　また、コロナ禍の中、学校もまた急速にリモートを活用した教育を取り入れている。2020（令和2）年、2021（令和3）年は、3市町の小学校が授業の一環として、赤米交流をリモートで行った。特に、2021年度の交流は、茎南小学校の牧健一教頭が中心となり、相川七瀬、各市町の文化財担当者が事前に打ち合わせを重ねた結果、学校側としても高い教育効果を実感できるリモート授業（写真5-4）が実現された。学校との連携を図る際には、文化財担当者が積極的に学校教育の現場・理念を学び、学校教育の中で、赤米を学ぶこと・

写真 5-4　リモートによる赤米交流授業

継承することの意義を明確にすべく、学校側と丁寧な意見交換を重ねることが大切である。学校の年間行事計画や学校要覧に明記され、その学校の特色として当たり前のように継承活動が定着していく、そうした状況になるまで文化財保護行政は学校と保存会との橋渡しを粘り強く継続することが持続可能なまつりの継承に資すると考えている。

| 赤米交流の成果 |

最後に、8年に及ぶ赤米交流によって御田植祭で起きている具体的な継承への成果について触れてみたい。

第1の成果は、祝殿の継承問題の解消である。豆酘の赤米神事で供僧が重要な役割を担うように、御田植祭では祝殿の存在が不可欠である。祝殿は世襲ではないが、地区内から代々継承者が選ばれてきた。直近の代替わりは、1978（昭和53）年で、先代の祝殿が亡くなると、茎永地区は地区民を対象に後継者探しを行い、現在の松原宮司が選出された。彼は神主免許を持たなかったが、当時は地域総がかりでまつりを継承する雰囲気があり、免許取得の研修費用を公民館（町内会）全員で負担し、1979（昭和54）年から松原宮司が正式に祝殿を継承した。それから40年以上が経過し、松原宮司の高齢に伴い後継者が懸念されていたが、2021（令和3）年4月、赤米交流に参加していた松原宮司のご子息が祝殿を継ぐことを決断し、研修を受講した。その年の9月に行われた赤米の稲刈りでは、祝殿としての祝詞奏上を初めてこなしている。

第2は、対馬における頭仲間に相当する社人の後継問題に改善の兆しが認められる点である。社人は代々、地域の高齢夫婦の中から選ばれ継承されてきた。名誉職であり、その労務に対する経費として、神社名義の田の収益があてられたが、とても割に合うとはいえ

ず、今は務める者がいない。現在、社人の役割のうち、対外的な折
衝については保存会長が務めるが、もう1つの役割である神田の日
常管理などの実働的な部分は、祝殿が兼務している。したがって、
保存会長も祝殿も社人とは呼べない。こうした中で近年、祝殿の代
替わりに合わせて、祝殿の負担軽減の意味でも、この社人制を復活
させるべきではないかという前向きな議論が起きている。

　第3に、子どもたちの保護者や地域の人々が御田植祭や赤米の稲
刈りの場に顔をだすようになったことである。茎永地区に生まれ
育った人たちの多くは、島外にでていき、PTAなども移住者の比率
が高くなっている。赤米交流によって、そうした赤米のことを知ら
ず、これまで関わりのなかった地域の人たちも参画するようになっ
たことは大きな変化である。

　赤米交流を実践する中で、その地域のまつりを継承する／しない
かは、保存会だけで悩むのではなく、地域全体で考えていく環境を
整えることが大切だということを私たちは体感している。さらにい
えば、赤米文化を継承する／しないという問いを、保存会と地域全
体で悩むのではなく、同じように赤米文化を継承する他地域の人々
も参加し、ともに考えている現状が継承の好循環をもたらしている
のではないか、とも思っている。

［継承に向けて］　以上、御田植祭の継承に関する具体的な課題と取
り組みを述べてきた。赤米交流では、従来行われ
てきた文化財の本質的な価値を明らかにするだけでなく、行政と保
存会との対話の中で継承を図る取り組み、さらには3市町の赤米文
化伝承のための姉妹都市協定締結と連携、外部への積極的な情報発
信と内への還元などが重要であり、それにより保存会だけでなく、
地域社会全体を巻き込む活動などが生まれ、まつりの継承を支えよ

うとしている。また、相川七瀬が指摘するように、まつりは、長い年月の中でそれぞれの地域で形作られた無形の思い／精神文化が具象化したものであるから、表層に表れた形にのみ囚われるのではなく、伝承者と地域社会の内面、言語化の難しい心／気持ちの部分にしっかりと意識を向けた取り組みを心がけるべきだろう。

　文化財行政と保存会の両方の立場から、赤米神事に関わってきて感じたことは、まつりの継承には、特効薬があるわけではないということだ。島嶼・過疎地域の小規模なまつりを継承するには、保存会とそれを取り巻く地域の人々、類似する行事を有する他地域の人々など多様な主体が、ともに幅広い意味での継承活動に参加し、悩みながら実践を続け、1歩1歩進んでいくことが大切ではないか、と感じている。

●参考文献

石垣悟　2014「文化財保護の視点から（無形の）民俗文化財を考える」新谷尚紀監修、広島県北広島町編『ユネスコ無形文化遺産　壬生の花田植──歴史・民俗・未来』吉川弘文館

石垣悟　2020「無形の民俗文化財の保存──方策の共有と議論の継続のために」『文化遺産の世界』Vol. 37

小川直之　2020「『民俗芸能』を継承する各地の取組」『文化遺産の世界』Vol. 37

工藤美和子　2010「平安期における女性と仏教について」『佛教大学総合研究所紀要』17巻

下野敏見　2014「昭和期のお田植祭」南種子島町教育委員会『南種子町民俗資料調査報告書(3)　国記録選択無形民俗文化財調査報告書　種子島宝満神社のお田植祭──南種子町茎永』

城田吉六　1987『赤米伝承』葦書房

田久保あやか・百崎亨・山下泰範　2006「赤米神事の経験の諸相」比較宗教学研究室『九州の祭り4　豆酘の祭り』九州大学文学部人間科学科比較宗教学研究室

福田裕美 2004「文化財政策における民俗芸能の継承にかかわる課題についての研究──『大江の幸若舞』『水海の田楽能舞』『能郷の能・狂言』を事例として」『文化経済学』4巻1号

文化庁監修 1976『無形文化財・民俗文化財要覧』芸艸堂

本石正久 2007「豆酘の赤米神事」早稲田大学水稲文化研究所編『海のクロスロード対馬──21世紀COEプログラム研究集成』雄山閣

八坂信久 2006「赤米神事と年中行事」『九州の祭り4　豆酘の祭り』九州大学文学部人間科学科比較宗教学研究室

※赤米交流関係の文献、ホームページ

南種子町教育委員会 2014『南種子町民俗資料調査報告書(3)　国記録選択無形民俗文化財調査報告書　種子島宝満神社のお田植祭──南種子町茎永』

南種子町教育委員会 2017『赤米サミット2017 in 南種子』

赤米文化交流公式ホームページ　https://akagome.jp/

6 章

近江中山の芋競べ祭り
——「保存」と「継承」をめぐる葛藤の記録

（矢田　直樹）

　近年、「改革」と称されるまつりの急変が各地で進んでいるが、この「改革」はまつりの復活や地域の活性化に繋がっているのか。まつりのよりよい継承の形は地域自らが模索することによって生まれてくるが、その過程で先祖から受け継いだ文化に思いをめぐらし共有することが不十分であり、地域の人々が改革後も守るべき大切だと考える点と、文化財保護や民俗学の立場からみて大切だと考える点とが一致するとは限らない。こうした点を民俗文化財保護行政が支援し、地域や保存会とともによりよい継承のあり方を模索することが、真のまつりの復活と魅力ある地域作りになると考えている。

本章の出発点

　まつりは生き物である。時代の移ろいの中で人々の暮らしが変わればそれとともに消え去っていくものもあろう。そのような中でも、これまでたくましく生き続けてきたまつりが今もたくさんある。

　近年、各地のまつりや民俗行事を訪ねて回るうち、地域でしばしば「改革」と称される民俗文化の変容が、急速に進んでいることが気になりだした。

　まつりの変化を一概に否定するものではないが、地域社会にとって、はたして、まつりにはどのような今日的意義があるのだろうか。私自身がこの問いの答えを求め、各地のまつりを訪ねている。

　本章では、近江中山の芋競べ祭りの継承において、私たちが垣間見た地域の厳しい現実と苦悩、守れたこと守れなかったことを率直に記した。これまで継承されてこられた皆様のご苦労に少しでも報いることができればと考えている。

滋賀県のまつり・ 民俗文化の特色	

滋賀県は、県の面積のおよそ6分の1を占める琵琶湖が中央にあり、湖に面して豊かな田園平野が広がり、さらにその平野の周囲を伊吹、鈴鹿、比叡、比良などの山々が取り囲むという地域である。周囲の山々から流れ出る大小約450本の河川は、ほぼすべて琵琶湖に流れ込むという琵琶湖の集水域が県域であり、かつての「近江」国が現在の滋賀県にほぼそのまま引き継がれている。古くから政治文化の中心にも近く、人と物資が行き交う日本列島東西の結節点としての立地性を有してきたのが滋賀県である。

　近世の近江にはおよそ1400の行政村があったとされ、平野部の村は中世の惣村に起源を持つ。村の人家は密接して建ち、氏神の鎮守の森、寺院の大きな屋根が遠くからでも見て取れるという集落景観をなしている。村落共同体（ムラ）は地縁を基礎としており、それがほぼ現在の自治会にも引き継がれている。ムラでは、氏神を中心としたまつりや四季を通じて大小様々な年中行事があり、地域社会の人々の暮らしに溶け込み、祈りが捧げられてきた。そうしたまつりや年中行事において風流踊などの民俗芸能も奉納されている。近江は中世の惣村の成立以来、強固な結束を誇ってきた地域であり、このように地域社会は民俗文化を伝承する確かな基盤となっている。

　現在多くの地域では、まつり、特に民俗芸能などについては、いわゆる「保存会」組織が結成され、日々の伝承活動が行われている。この保存会組織も基本的には地域の住民、自治会員、氏子により構

成されており、年間を通して地域や神社の運営活動と一心同体となっている。このため、太鼓踊などの民俗芸能は、その地域の氏神の祭礼などにおいて奉納されており、太神楽^{だいかぐら}のように各地を巡業して回るようなことはない。地域社会や氏神などと民俗芸能を切り離して考えることはできないのが滋賀県のまつりの特徴といえる。

まつりを支える 地域の現状　滋賀県でも 2014（平成 26）年より人口の減少局面に入った。しかしながらまつりの基盤となっているムラにおいては、都市部への人口流出はすでに昭和 40 年代から続いている。地域の戸数や人口は減り続け、それに反して 65歳以上の高齢者の人口は確実に増え続けており、高齢化率はどんどん右肩上がりという状況である（図 6-1）。

　地域から人口流出が続く主たる要因は、地域の産業構造が大きく変わってしまったことにある。かつての生業の中心は、農業や林業、漁業を中心とする第 1 次産業であったが、現在はそのような状況で

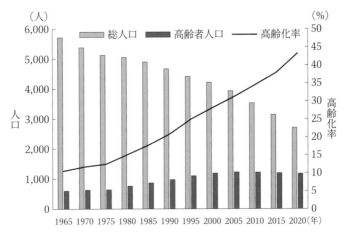

図 6-1　長浜市余呉町（旧余呉町）人口推移図

はなく、青年層・壮年層の進学や就職により地域からやむをえず離れてしまい生活の基盤が出身地域からよそに移ってしまっている。このような世帯が増えてくると、地域社会のあり様は変わらざるをえなくなる。

　地域社会のあり様が変われば、これまでと同様にまつりを続けていくことも難しくなる。実情に合わせ、まつりの日程を多くの人にとって休日にあたる土曜日、日曜日に変えたということはよくみられることである。

　先にも触れたように、近年、地域を訪れた際によく聞くようになった言葉に「改革」というものがある。従前のまつりからどこかを変更した際にこの言葉が使用されていることが多く、変更の内容は地域により千差万別である。「改革で簡略化した」というフレーズで語られることが最も多く、「改革」された内容としては、当番などが集まって神饌を調製するなど手間ひまがかかる事前の準備事の簡略化が多い。ただここ数年、「改革で簡略化した」地域の数や従前からの変化の度合いよりもスピードが加速度的に増してきていると感じている。

　「改革」は、地域でまつりを継承していくために、最善の選択と判断されたことであろうと思うが、この「改革」が地域の活力を奪う結果となっている事例を多々目にするようにもなってきた。

　まつりを継承しておられる地域のご苦労を察すると何とも申し上げられないのではあるが、民俗文化財の保護を担当する県職員として、また民俗学を勉強する一個人として、内心、民俗学的には、そこを変えてしまったのかと思うこともある。そうした時、拝見したこのまつりの本質はどこにあって、守り伝えていくべきことは何だったのか、「改革」前に何かできることがなかったのかと複雑な

気持ちで帰路に就くことになる。

まつり継承の諸課題 滋賀県では、2015（平成27）年度に県内全域のまつりを対象に、まつり継承に関するアンケート調査を実施している。

継承の責務を負う保護団体、いわゆる「保存会」組織については、組織の規模は50人未満が回答の半数を占め、年齢構成も60〜70代が中心となっている組織が30％であった。アンケートの結果から、組織は小さく高齢化していることが改めて明らかとなった。

現代のまつりを取り巻く継承課題については、「人」「資金」「熱意」という3点に集約できる結果となった。

1点目の「人」については、まつりの担い手や後継者に関するものである。民俗芸能では大人だけではなく、子どもたちが担う役があることも多く、人口減少や少子化の影響はきわめて大きい。この後継者不足の課題は、将来にも及び、継承の「熱意」にも波及している。

2点目の「資金」は、まつりの運営費や道具等の修理に関するものである。資金についてはまつり当日だけのことではなく、衣装や太鼓などの道具類の修理や新調、神輿や曳山本体のような大規模な修理など様々な経費をどう確保していくかという中長期的な課題もある。さらに近年大きな課題となってきているのが、原材料の確保や職人や技術に関することである。草鞋を例にとってみると、原材料の藁は、稲刈りを機械ではなくあえて手刈りし干して保管しておく必要がある。さらにいうと、丈が長く粘りもある糯米の藁がよいとされる。それを叩いて草鞋に編むという手間がかかるうえに、編むことができる人も少なくなってきている。かつては日常遣いの何でもなかったものが、現在ではそうではなくなってしまっている。

草鞋に限らずまつりに関わる伝統的な原材料を確保すること、それを使いこなす伝統的な技術を持つ職人を確保すること、そういった修理や製作を行うこと自体が難しくなりつつある。

そして何より深刻なのが、3点目のまつりに対する「熱意」の課題である。まつりに対する気持ちや地域の皆さんの協力が得られないということ、まつりを継承していこうという意欲や熱意が年々弱くなってきている。この要因は、現代の人々の価値観の多様化など様々あろうが、まつりの今日的意義が見出せていないこともあるに違いない。

これら3点の課題は、いずれも即解決できる特効薬は存在しない。滋賀県では、保存会同士の交流やまつりの継承事例などの情報交換を支援することで、まつりを続けていこうとする地域の「熱意」を後押しすることを目標に活動を続けてきているが、なかなか目立った効果を見出せないでいる。

先にも述べたように、滋賀県は、中世の惣村の成立以来、強固な結束を誇ってきた地域であるが、近年の社会経済環境の激変は、民俗文化の継承をこれまでにないほど困難な方向へと向かわせている。

近江中山の芋競べ祭りの事例

今回具体例として報告するのは「近江中山の芋競べ祭り」である。

「近江中山の芋競べ祭り」は、1991（平成3）年に国の重要無形民俗文化財に指定されており、滋賀県蒲生郡日野町中山という地域で毎年9月1日に行われてきた全国でも唯一無二のまつりである。

日野町中山は、滋賀県の東部の内陸部に位置し、丘陵の尾根と谷が入り組み、そこに水田と里山が広がるという農村集落である。地域は中山西と中山東に分かれており、自治会もそれぞれで運営されている。現在、西は約40戸、東は約70戸である。

この祭りの詳細な説明は、以下の通りである。長くなるが文化庁のホームページにある『国指定文化財等データベース』「近江中山の芋競べ祭り」を参考に説明する。

　近江中山の芋競べ祭りは、中山地区の人々が長きにわたり栽培してきた作物の一種、トウノイモ（唐の芋の意。里芋の一種）の根元から葉先までの長さを儀礼的に競い合い、地区の融和を図り、生業（畑作、稲作など）の発展を期そうとする行事である。

　この祭りは記録によると、古くは8月行事（旧暦）としてなされていたことが知られる。現行のように9月1日に定着したのは、1971（昭和46）年以降のことである。

　この祭りは、山子→山若→勝手→おとな（宮座）と連なる年齢階梯的秩序を伴う厳格な宮座制に基づき、整然とした役割分担で準備がなされ、次第が進行する。

　諸準備は基本的に東谷区・西谷区の地区別に分かれ、祭りとの関係や役割分担などとの関係で、各会所・おとなの神主宅（最長老者の家屋）・熊野神社（中山区の氏神）・同社務所およびノガミヤマ（野神山。東谷区と西谷区の境界に位置し、芋競べ行事がなされる）などで行われる。

　山子は数え年8歳から14歳までの男児で、ノガミヤマにある祭場内のイシメクリ（敷石めくり）・イシアライ（敷石洗い）・イシナラベ（改めて敷石を並べる）などが主たる役目である。

　山若は山子を経験した者のうちで数え年16歳以上の者（年長順で定員制。7人）でトウノイモを厳選したり、それを孟宗竹に飾りつける作業のほか、ナラシと称して本番に備えての練習を積み重ねる。

　勝手は山若の経験者が年長順（当番制。1〜2人）に就き、祭りに必要な神饌（オリ〈御鯛。鯛の形をしたもの〉、ブト〈伏兎。白餅ともいう〉、センバ〈ズイキの酢のもの〉、ササゲ〈大角豆。味つけした煮もの〉など）や調

度品を確認し、祭りの次第に応じて必要なものを調えたり、おとな
の会合に給仕役を務める。

　おとなは勝手の経験者が年長順（定員制。東谷区・西谷区各6人で12
人）に就き、芋競べ祭りを含めた地区内の神事一切に責任を持つ。

　祭り当日は、まず熊野神社の社務所で宮座行事がなされ、続いて
ノガミヤマへ登って芋競べを行い、その後熊野神社へ帰って祭りの
終了行事がなされる。

　宮座行事が終わると、山若と山子が、各地区別に列をなして孟宗
竹に飾りつけられた芋を担ぎ、決まりの道を通り、竹の菱垣に囲わ
れたノガミヤマ山頂付近の祭場に至る。祭場における東西の境目に
あるイモイシ（芋石）を基準に、それを挟んだ左右に東谷区・西谷区
の山若・山子が所定の座に着くと、ニバンジョウ（山若のうち2番目
の年長者）の発声で、相手方のニバンジョウの確認をとり、東西各々
が個別に伝言する形式で進行される。祭りの次第は、いずれも特徴
ある口調（あるいは口上）と所作で進められ、定型化されている点が
注目される。

　この芋競べ祭りは、対象となっている競べもの自体において全国
的にみてもきわめて珍しく、もの競べを通しながらも最後には地区
（村落）が一体に融和される点でも特色を持っている。

　以上がこの芋競べ祭りの解説である。重要無形民俗文化財に指定
されるにあたって以下の点が特に重要と考えられる。

①　西と東がそれぞれでトウノイモという独特の里芋を栽培し、
　　里芋を青竹に括りつけその長さを儀礼的に競い合うこと。

②　子どもの「山子」、青年の「山若」、長老の「おとな（宮座）」
　　という年齢階梯制により祭祀が運営されていること。

写真 6-1　ノガミヤマの祭場

写真 6-2　芋競べ祭りで用意される神饌

③　東西両地区の境にあるノガミヤマという祭場で儀式が行われ、祭場は床面に河原の石を敷き詰め、その周囲を竹矢来で囲んだ独特の空間であること（写真 6-1）。

④　祭りに供せられる神饌は独特なものが用意され、儀式の中で献じられること（写真 6-2）。

⑤　祭場での儀式は山若が中心となって行い、山若は一番尉_{じょう}から七番尉までの 7 人で、各山若には決められた役割が与えられており、東西それぞれの作法に則り進められていくこと。

⑥　「芋打ち」という芋の長さを比べる儀式は東西どちらかが負けを認めるまで何度も続けられ、西が勝てば豊作、東が勝てば不作といわれるが、勝負がつくとそれぞれの芋を交換し、東西の融和が図られること。

　以上の 6 つの点がこの祭りの要素と考えられ、中でも下線部は本章で後ほどの論点となってくる部分になる。

芋競べ祭り
継承の危機
　2016（平成 28）年の夏頃、この年の祭りが行えないかもしれないという情報が日野町教育委員会の文化財担当者から飛び込んできた。当時、私たちは、祭りを継承していくことは容易ではない状況にはあるが、中止するところまでは至っ

ていないと認識していたため、たいへん驚き現地に急行した。その際に把握できた状況は、西の山若の連名により、祭りへの出仕に対して拒否する旨の強い申し出がなされたことによって、祭りが斎行できるかわからないというものであった。

　すぐさま、中山では、おとな、両自治会から選出された方、東西の自治会長など、9人により構成される検討委員会が設けられ、祭りの中止、継続も含めて議論することとなった。

　私たちは、文化庁の民俗文化財担当の調査官に状況を報告し指導を受けるとともに、地元にお願いし、検討委員会を傍聴させていただくこととした。

　初回の検討委員会は、2016（平成28）年7月28日に開催され、座長の選出や検討委員会設置に至る経緯の情報共有、今年の祭りは代理の山若を立てて例年通り実施すること、次年度以降について検討することなどが申し合わされた。私たちからは、この祭りが指定されている理由とその重要性などについて説明をさせていただいた。以後、月一度のペースで会議を行い、2017年3月末を目途に結論をだすこととなった。

　第2回は9月13日、第3回は10月13日に開催された。両回では各委員から率直な意見がだされた。

　芋競べ祭りにおける主役は、東西それぞれの山若であるが、山若は16歳になると一番下の七番尉（もしくは六番尉）として入り、最終的に一番尉を務めて卒業となる。新たに下から入ってくることにより、一番年長が晴れて卒業できるという、いわゆる「ところてん突き出し」方式のしきたりとなっている。

　山若となる青年は、進学や就職などにより普段は地域に住んでいない者も多く、祭りには地元に帰ってきて務めている。中山西には

現在、山子となる子どもが3人しかおらず、そういった状況の中で、現在の山若の多くはこの先も卒業できないということが自明となっている。十数年務め続けている者もいる中で、これから先いつまで務め続ければよいのか、これ以上、務め続けることは難しいと訴えたのである。山若の主張ももっともであり理解できる。

また、ノガミヤマの祭場は、山子が中心となり、草刈りや石ならべなどの整備が行われてきたが、近年は山子だけでは整備できないため地域在住者が総出で行うなど、祭りの準備などについての負担も増えてきていた（写真6-3）。

検討委員会では、県内の大学生に応援を頼む案、ノガミヤマの祭場をコンクリートで固めてしまう案やノガミヤマでの行事を麓の熊野神社で行う案、神饌を簡略化する案など様々な意見がだされた。また、単に祭りを「続ける」という言葉についても個人によりその捉え方は様々であり、祭場に芋を供えることだけを行うことや熊野

写真 6-3　山子による祭場の整備

神社での神事さえ行えば祭りを「続ける」ことになるという意見もあった。さらには祭りをやめてしまうことも致し方なしという意見や行事の形を変えてでも続ける必要があるのか、指定も返上してしまえばよいとの多少過激な意見までだされた。

　そうした中でもこの3回の検討委員会では、祭りを現状のまま続けることは困難であるが、安易に中止するのではなく、何らかの形で続けていくことが確認された。

芋競べ祭り継承に向けた検討　第4回の検討委員会は11月16日、続く第5回は12月15日に行われ、実際にどのようにすれば継承していけるのかについて具体的な議論が行われた。その結果、検討委員会として当面今後10年間の継承を目標として以下のような検討案が取りまとめられた。

① 山若の役を務める年齢に関するしきたりを緩和するとともに、東西それぞれの山若役を両地区全体で担うことができるようにすること。

② 多くの人の協力が得られるようにするため祭礼日を9月第1日曜日とすること。

③ 祭場はこれまで通りノガミヤマとし、祭礼日までに両地区において整備すること。

④ 神饌の準備はこれまで通りとするが、個人ではなく地区として準備することも可能とすること。

⑤ 行事の内容は可能な限りこれまで通りとすること。

⑥ 保存会は氏子全員を会員とし、祭りを継承していく組織として機能するよう規約を改訂し役員構成などの体制の強化を図ること。

以上のような検討案がとりまとめられ、検討委員会としては祭り

を何とか残し、続けたいという気持ちを強く持って全区民に示すことが重要であるとの意識統一を行い、東西両地区それぞれで2月に行われる住民総会（中山では「総寄り」と称されている）に諮ることとなった。

　各地区で2017（平成29）年2月19日に行われた総寄りの結果を受けて第6回の検討委員会は3月17日に行われた。西では祭りの実施は困難であるとの意見もあったが、山若など祭りに参加できる人を集める努力をするとともに、東の支援を受けてでも続けていこうとのことで意見が一致した。東は可能であれば現在の形を維持しつつ何らかの形で祭りを続けていくことで意見が一致した。それぞれの報告があり、両地区の総寄りにより検討案の同意が得られた。そして保存会の新しい会則を全戸に配布し周知を図るとともに、検討委員会の委員を中心に保存会の新しい体制が発足した。

　以上、9か月6回にわたり議論が積み重ねられてきた結果、地域の総意として、できる限り芋競べ祭りを継承していこうという結論に至ったのである。

2017年以降の芋競べ祭り　ではその後、芋競べ祭りがどうなったかについて記しておく。新しい保存会が発足し、2017（平成29）年9月の祭りに向けて準備が進められた。具体的には、まずは東西それぞれにおいて山若役として参加してもらえる人を探すということである。

　東の山若は、これまで通り青年が務めることが決まったが、西の山若は難しい状況であった。日頃は中山を離れて暮らしているが、比較的近年まで西の山若を務めていた山若OBの方3人がこの危機に手をあげてくださった。残り3人は地区在住で、遥か前に山若を卒業した方（自称「山老」）が務めることとなった。祭礼当日は天候に

写真 6-4　芋競べ祭り（2017 年）

も恵まれ、ノガミヤマの祭場において祭りが無事行われた（写真 6-
4）。

　2018（平成30）年、2019（令和元）年も同様に、西の山若OBの方々、
山若を長男だけで務めていた時代に次男であるため山若未経験の方
など、西の山若は西の出身者、東の山若は東の青年が務める形で例
年通り行われた。こうして検討委員会後、三度の祭りが無事に行わ
れた。

　このように、芋競べ祭り継承の最大の課題であった「山若」役に
ついては、年齢に関するしきたりを緩和することにより、祭りは継
承されている。

　もう1点、東西で山若役を融通し合えるようにしきたりを変更し
たが、結果的には、東西それぞれにおいて山若を確保することで祭
りが継承されている。これは、祭場における儀式の作法が、東西そ
れぞれで微妙に異なるため、山若をコンバートすることは容易では

ないという事情もあるが、そう簡単に東西を行き来できるものではないという地域の人々の思いを示している。

　西の山若OBの方にどうして今回、卒業した山若を再び務めるのか尋ねてみた。「東から人を借りることなんてできない。自分たちの代でそんなことしたら、何をいわれるかわからない」とおっしゃられた。この言葉は偽らざる本音だろうが、この何かをいうのは誰か。当然、今の人たちもあろうが、彼の頭の中には、自分たちの先祖、そして子孫があったに違いない。これこそが地域とまつり、人が持つ底力であるといえるのではないだろうか。

　2020（令和2）年〜2022（令和4）年の芋競べ祭りは、新型コロナウイルス感染症の蔓延の影響を受け、祭場での行事は中止された。宮座の長老衆が神社に集まり、種から育てた豆などの神饌はほぼ例年通り準備されるとともに、育てた芋の長さを比べることは続けられた。平穏な世の中でつつがなく開催されると信じ楽しみに待ちたい。

継承危機の中で得たもの、学んだこと

芋競べ祭りの継承をめぐって、改めて振り返りつつ、今回の教訓と反省点、文化財保護行政の限界などについて考えてみたい。

　今回の危機を通して、得たことの1点目は、地域の人たちが自分たちの文化について改めて確認を深める機会となったことである。先祖から受け継いだ文化を何とか残し、次の世代に引き継ごうという意識を共有する機会となり、地域自らの力で、芋競べ祭り継承の危機を乗り切ることができた。見学者からは、西の山若の所作や身のこなしは例年にも増してよくなっているとの感想も聞いている。山若役の祭りにかける強い思いが表出しているといえよう。

　2点目として、東西の両者が一堂に会し検討が行われたことが、祭りの継承にとってたいへん意義があったといえることである。こ

れまで西と東ではお互いの内情についての情報共有はオフィシャル
な場においてほとんどなされてこなかったようである。それは西と
東が対抗するこの祭りの性格によるものといってしまえば当然であ
るが、やはりそこには、苦しい台所事情はお互いに知られたくない
ということであり、その気持ちも理解できる。そうした中で東西の
垣根を取り払ってでもこの継承危機を乗り越えようとした動きが生
じたことは大きな出来事といえよう。

　3点目は、地元行政の文化財担当者の重要性である。日野町には
現在、教育委員会に2人の文化財の専門職員が配置されている。彼
ら文化財担当者が日頃から地域や保存会の方々と築いている関係性
によって、迅速な初動対応がとれたことが大きかった。中山とは以
前より重要文化財の仏像が安置されているお堂の修理に関する相談
に乗るなど、地域の方々と、祭りだけでなく様々な機会を通じて顔
を合わせ、話をすることがあった。今回は、そうした担当者と地域
の方々との何気ない会話などを通して、危機の情報をいち早く察知
することができた。そのため検討委員会が立ち上がる前に、私たち
が地元に入り、およその状況を把握することができた。座長をはじ
め地域の方々と良好な人間関係が構築できていたことから、私たち
が検討委員会の会議に出席することも許されたし、検討委員会にお
いて、この祭りの重要性を訴えることもできた。日野町教育委員会
の文化財担当者のお2人に改めて感謝申し上げる。

　と同時に反省点や課題も多い。

　今回のことの発端としては、山若が祭りへの出仕を拒否し、突然
実力行使をしたようにみえるが、実はこの不満は、以前から蓄積さ
れてきたものである。山若には山若の言い分、年配者には年配者の
言い分があろうかと思うが、お互いの意思疎通が十分に行われてこ

なかったに違いない。私たちがもっと早くそのような状態にあることを察知できていればということが、反省点の1点目にある。

　いっぽうで察知できたとしても、私たち行政が、地域の中に分け入って、両者を会議の場に就かせることができたかどうか、正直難しかったとも思う。ここに行政の限界も感じる。

　2点目は、検討委員会の人選についてである。今回、両自治会から選出された方々は、全員いわゆる山老世代であった。現役の山若や比較的山若に近い年代の方々は、自治会の役にはあたっておらず、検討委員会のメンバーには選出されていなかった。地域に若い世代がほとんど住んでいないという実情もあろうし、今回はメンバーに入れない方が議論が円滑に進むという配慮があったのかもしれない。私たちも当初、検討委員会の人選について助言をするところまで気が回らなかった。甲賀市土山町黒川では、太鼓踊の継承に関する地域での検討会において、年齢構成に配慮した人選が行われていた事例もあり、その有効性も一定程度認められていただけに、今回の反省点として記しておく。

　いっぽうで、検討委員会の座長の人選も重要である。今回、座長に選ばれた方は、地域や祭りに精通されておられるだけでなく、メンバーの個性や各家庭の実情などについても、おっしゃられないが把握しておられ、毎回の会議について巧みな運営をされておられた。私たちのみえないところで事前の準備などご苦労があったのではないかと思うが、ムラを引っ張っていくリーダーというものはこういうものなのか、ムラにおける民俗社会のあり様とはまさにこういうことなのかなど、いろいろ勉強をさせていただいた。

**まつりの変容
への対応と課題**　最後にまつりの変容に関する私見を述べておきたい。今回、芋競べ祭り継承の最大の課題で

あった山若役について、年齢に関するしきたりを緩和するとともに、東西で山若役を融通し合えるように大幅なしきたりの改訂が行われた。

　この2点については、国の文化財指定に関わる重要な要素6点のうち、2点目の年齢階梯制と5点目の東西それぞれの山若の作法に関わる部分であり、国指定解除級の変質といっても過言ではない。

　そこまでしてこの祭りを守らなければならないのかという意見もあろう。また、民俗文化財保護の担当者としてこの祭りの要素を守れなかったことの責任を感じている。

　今回の検討が始まった段階ですでに祭りの存続は危機的な状況であり、検討委員会の段階では本当にこの祭りが継承されるのかなかなか確証を持てなかったことも事実である。

　私たちとしては地域の皆様の思いに寄り添いながら、何とか祭りを続けてもらえないかということを切に願いつつ会議に出席していた。会議の中で、私たちが同席していることについて、「行政が監視に来ている」という趣旨の発言もあり、腹立たしい思いをしたこともあったが、毎回の会議には出席を続けた。

　会議の中では、祭りをやめるとの意見もだされるなど、祭りが継承されるか否か常に予断を許さない状況が続いた。私たちとしては芋競べ祭りをやめてしまう事態だけは避けたいと考えていた。他の地域の事例からみても、まつりを一度やめてしまうと、復活させることは容易なことではない。たいへん失礼ながら、現在および近い将来の中山には、休止してしまった祭りを復活させる力はないと感じていた。細々とでも継続することが、将来の復活の近道になると考えていた。

　また、検討の過程では、祭りの本質に関わる要素6点を変えると

いう議論が何度となくでた。私たちとしては、極力これまで通りでとお願いをしつつも、最大の継承課題であった山若役の「人」的な部分の変更については、祭りを継続するためにはやむをえない変容であると考えた。重要無形民俗文化財の指定理由と照らし合わせると、この変質はたいへんな事態である。しかし検討委員会の場で、私がこの部分の変更を認めないといってしまうと、地域の皆さんの継承の機運をも絶ってしまうことになると判断した。その他の要素については、現状のまま続けてくださいねと申し上げながら、やはり祭りの継続は無理だといわれないことを願い、心の中では綱渡りをしていた。

いっぽうで今回、氏子以外の人たちを迎え入れて継承していく意見については賛同を得られなかった。芋競べ祭りは年間を通して行われている氏神のまつりの1つであり、この祭りだけが独立した祭祀であるとは地域の人たちには認識されていない。中山では、氏神への崇敬の念が大切にされており、むしろこの根幹があったからこそ、今回の芋競べ祭りの継承も結果的に首の皮一枚で繋がったのかもしれない。

今すべきこと、できること

私たちは現在、まつりの継承の大きな岐路に立っている。新型コロナウイルス感染症の蔓延がこれにさらなる追い打ちをかけている。

紹介した事例からみえてくるものは、地域にとって「まつり」とは何なのか、という今を生きる私たちに対する問いかけである。

まつりを受け継ぐ人たちの心の中には、過去と現在、未来をも含めた経糸と、生まれ育った地域に対する思いや誇り、意地、神仏への信仰という緯糸が複雑に絡まっており、常にその葛藤の中でまつりを続けておられるのだと思う。そういった葛藤が何人分も合わさ

り束となり、撚りがかかった綱がまつりであろう。太く強くそう簡単に切れない綱であってほしい。

　私は、まつりや民俗文化の中には、先人たちの叡智が詰め込まれていると考えている。そこに何かがあるから現代まで受け継がれてきたに違いないし、今を生きる私たちが気づかない知恵でも、次の代以降に気づき役立つことがあるに違いないと思っている。その玉手箱を今の価値観だけで簡単に手放してよいのであろうか。

　伝統やしきたりを守ることだけがまつりの継承ではないし、単純に改革をして簡略化すればよいというものでもないと思う。簡略化したがために逆に地域の活力を失ってしまっているばかりか、地域の個性や誇りまでも失わせることとなっているのではないか。

　事前の打ち合わせから稽古などの準備、本祭当日、足洗に至る過程すべてが「まつり」なのである。現代の地域社会においてまつりにはどのような意義があるのか、地域自身がその答えを常に考えていかなければならない。その過程において、先祖から受け継いだ文化にもう少し思いをめぐらすことができれば、議論が深まるはずであるし、地域の誇りや思いを共有できるはずである。そうすれば、まつりのどの部分を大切に守りながら継承していくのがよいのか、よりよい継承の形も地域から生まれてくるはずである。まつり継承の答えは地域によって異なり、こうすればよいという勝利の方程式は存在しない。

　自ら問い、考え、答えを模索するためにも、地域の歴史文化や民俗文化を知ること、他地域の取り組みの情報を交換し共有することはたいへん意義があると考える。こういった部分に私たち行政が手助けすること、地域や保存会の方々とともに問い、一緒なって考え、答えを模索することこそ重要であろう。また文化財保護や民俗学の

立場からみて大切だと考える点と地域の方が「改革」後も守るべき
と考える点が一致するとは限らない。こういった点を調整していく
ことも、これからの民俗文化財保護行政の役割なのではないかと考
えている。

　各地に出向くと、地域に誇りを持ち、まつりを続けていこうと必
死に奮闘されている人たちと出会う。こうした人たちとの出会いは
私のモチベーションの大きな原動力であり、地域とまつりの持つ力
を信じ、これからもともに模索を続けていく。

●参考文献

（公財）びわ湖芸術文化財団 2019「特集　近江の祭り　現在と未来」『湖国
　　と文化』168 号

坪井洋文 1987「芋くらべ祭──滋賀県蒲生郡日野町中山」『国立歴史民俗
　　博物館研究報告第 15 集　共同研究「儀礼・芸能と民俗的世界観」』

コラム5　まつりの開催日の変更

（福持　昌之）

　そもそも、まつりは神仏に縁のある日すなわち縁日に行われてきた。よって開催日は、まつりのアイデンティティの1つである。

　近年の神社の祭日の変更は、1998（平成10）年、2001（平成13）年の「国民の祝日に関する法律の一部を改正する法律」の施行（いわゆるハッピーマンデー制度）、2005（平成17）年頃の大規模市町村合併などが要因とされる。1993（平成5）年版『神職手帳』（神社新報社）に掲載の神社1573社のうち約2割にあたる293社の例祭日が、2005年以降に土・日曜日へ変更されたという（藤本2010）。

　京都三大祭の葵祭（5月15日）、祇園祭（7月17・24日）、時代祭（10月22日）に、京都五山送り火（8月16日）を加えた四大行事は、いずれも開催日を固定している。例えば祇園祭（祇園御霊会）は、由緒を記した記録中で最古の「社家条々記録」（1323年）に「天延二年六月十四日御霊会を始行せらる」と、還幸祭の日が記されていた。それが明治に新暦の7月24日になった（神幸祭はいずれも7日前）。さらに、1966（昭和41）年に24日の後祭山鉾巡行の山鉾10基が、17日の前祭で巡行する山鉾23基の後ろに続いて巡行することになった。これは、山鉾町が呉服商の拠点地域で、通行止め期間の短縮や、後祭の町が次の商戦に出遅れないようにという、切実な問題も背景にあった。この戦後好況期の合同巡行は、2014（平成26）年7月、祭りを本来の姿に戻したいという山鉾町の熱い思いによって解消され、もとの分離巡行が復活した。このように開催日は、時代に応じて変更したが、常に固定され毎年変わるようなことはなかった。

　いっぽう京都市最北端の山村集落の久多の花笠踊（重要無形民俗文化財）は、旧暦7月24・25日だったものが、明治になって新暦8月24・25日となり、1955（昭和30）年頃からは、24日だけとなった。その後、2002（平成14）年に地域の祭礼行事等の大改革があり、勤めにでている人が参加しやすいように「8月24日に近い日曜日」となった。ところが、2008（平成20）年には8月24日に戻された。日曜日に変えても目立った効果はなかったことと、花笠は盆休みから1週間かけて作るものであり、踊りの開催日が毎年変わることによる混乱が大きな問題だったようである（福持2017）。

　NHK放送文化研究所が5年ごとに実施している「国民生活時間

表　仕事をしている人の割合

		平日 (%)	土曜 (%)	日曜 (%)
20代	男性	69.6	38.6	30.9
	女性	67.0	38.8	28.9
30代	男性	86.5	33.0	24.2
	女性	60.2	26.1	16.4
40代	男性	87.6	51.2	28.6
	女性	64.2	27.1	17.1
50代	男性	90.3	47.2	25.3
	女性	69.4	30.3	22.5
60代	男性	65.5	31.9	16.1
	女性	40.7	29.1	17.2
30〜60代平均		70.6	34.5	20.9

NHK放送文化研究所「全員平均時間量（平日・土曜・日曜）」『国民生活時間調査2020年版』より
https://www.nhk.or.jp/bunken/yoron-jikan/

調査」（2020年版）によれば、勤労世代と考えられる20〜60代のうち、仕事をしている人の割合は、平日70.6％に対し、土曜日34.5％、日曜日20.9％である。特に小売業やサービス業などは土・日曜日こそ忙しく、休暇をとることは難しい。3分の1近い人が働く土曜日や日曜日を「多くの人が休み」と一括りに考えてよいものだろうか。

　富山県南砺市の城端神明宮祭の曳山行事（重要無形民俗文化財）では、地元金融機関などの土・日曜日が定休の勤め人の協力も大きな要素であり、平日に開催することは難しいと考えられる。また京都市東山区の安井金毘羅宮の櫛祭は、理美容店の協力で時代風俗行列をだすため月曜日に開催される。つまり、担い手の事情によって様々な選択が考えられる。したがって、土・日曜日に変えることを特効薬のように処方する前に、副作用も含めてよく検討すべきなのである。舵取りを任された長老衆が思うよりも、子育て世代は土・日曜日が多忙だとも聞く。また、休日で観客が増えれば、警備や誘導に人手がとられ、警備委託の出費が増えることもある。改革したがために、維持継承そのものが難しくなっては本末転倒である。2014（平成26）年の祇園祭の開催日変更では、2012（平成24）年3月から、祇園祭山鉾連合会は文化庁・府・市・警察などと連携し、慎重に様々な可能性を検討した。

　まつりの維持継承には、担い手個人の心意気だけでは限界がある。祭日変更も一手段だが、特定の職種の担い手を排除する要因にもなる。むしろ、まつりで休暇をとりやすい環境作りが急務である。例えば、ボランティア休暇の要件に「地域貢献活動」を加えてはどうだろう。

●参考文献

福持昌之　2017「久多の花笠踊を伝える地域——1970年代の文化財調査のその後」『藝能史研究』216号

藤本頼生　2010「神社の祭日変容をめぐる現状と課題——祭礼日の近現代」『國學院大學伝統文化リサーチセンター研究紀要』2号

7 章

敦賀西町の綱引きの中止・再開
——行政の取り組みと補助金運用制度の可能性

（高橋 史弥）

　福井県では 2016（平成 28）年に、重要無形民俗文化財「敦賀西町（つるがにしまち）の綱引き」の「中止」が夷子大黒綱引保存会（えびすだいこく）（以下、保存会）により決定された。これを受け 2017（平成 29）年のまつりは「休止」となったが、その後、保存会や協力団体の努力により 2018（平成 30）年には復活を遂げた。本章では、私自身が福井県教育庁生涯学習・文化財課の学芸員としてこの問題の対応にあたったことを踏まえ、敦賀西町の綱引きの「中止」に至った背景と、復活・再開させるまでの取り組みをまとめてみたい。そして、こうした事態を防ぐ方法の 1 つに行政による金銭的補助が考えられることから、福井県の無形の民俗文化財に対する補助金制度の実態からその運用可能性を検討する。

敦賀西町の綱引き　敦賀西町の綱引きは、福井県敦賀市相生町（あいおい）の西町に伝わるまつりで、400 年以上前から実施されているといわれる小正月（こしょうがつ）（1 月 15 日）行事である。西町の住民で構成された保存会により守り伝えられてきた。日本海側を中心に列島に点々と残る貴重な小正月の綱引き行事として 1986（昭和 61）年に重要無形民俗文化財に指定され、現在は毎年 1 月第 3 日曜日に実施されている。

　当日は午後から、原則西町出身の厄年の男性 1 人ずつが夷子と大黒に扮し、西町全体を「夷子勝った、大黒勝った、エイヤ、エイヤ、

写真 7-1　敦賀西町の綱引き

エイヤ」のかけ声を繰り返しながら巡行する。巡行が終わると、左<ruby>義<rt>ぎ</rt></ruby><ruby>長<rt>ちょう</rt></ruby>倒しが実施され、沿道に飾り立てられた、縁起物のお金を入れた包みや扇を結びつけた木を倒し、人々がこれを激しく取り合う。そして、これら一連の行程の最後に綱引き（写真 7-1）が実施される。

　綱引きに使用される大綱は、長さ約 55m、直径約 25cm にもなる。これを漁業関係者の夷子側と農業関係者の大黒側に分かれて引き合い、夷子が勝てば豊漁、大黒が勝てば豊作になるといわれている。この日訪れた人は誰でも好みの勢力に加わり、綱引きに参加することができる。木製の組立足場から大綱が合図により地面に落とされると、人々は大綱を激しく引き合い、ある程度形勢がみえると終了となる。大綱に使われた藁は縁起物とされ、勝敗が決した後は、各々が素手、または鎌等を使って千切り、持ち帰って神棚等に供える。

| まつりにかかる手間ひま |

まつりの準備は、主に 10 月頃に大綱に使う藁の調達から始まる。11 月にはまつりの経費を集め

128

るために地域の人々に寄付金・協賛金を依頼し、12月に原則厄年にあたる人から夷子役と大黒役を選ぶ。1月第2日曜日には大綱作りや、商店街等に幟を立てる。そして、まつり前日には相生町の夷子大黒会館内に祭壇を設置し、会場に組み立て足場を設置する。

　休日を利用したタマヅクリ（玉造り）も大がかりな作業である。西町の住民らが集まり、藁のスベを取り除いて、芯だけになった藁10本程度を下部で結んだタマ（玉）と称する束を作る。このタマを大量に結びつけたものが大綱になる。このほか、まつりの後日には、関係者へのお礼回り等を行う。

　敦賀市も、重要無形民俗文化財への指定後、保存会へ補助を実施してきた。2013（平成25）年度には、綱引き会場となる西町の道路のカラー舗装、側溝整備を通して協力している。

綱引きの中止

過去、2017（平成29）年までに綱引きを実施しなかった年は5回確認できる。大正天皇崩御に伴う1927（昭和2）年、戦後の混乱期の1946～48年までの3回、そして昭和天皇崩御の1989（平成元）年である（夷子大黒綱引保存会 1991）。これらの年以外は、保存会の努力により「高齢化、人口減少、資金不足」といった困難な中でも続けられてきた。しかし、2017年は初めてまつりを続けること自体が難しいと判断され、中止が決断されたのである。

　西町は、かつて商店の並ぶ地域だったが、地域の高齢化や人口減少等が原因で店を閉める人も多くなり、綱引きの経費としていた商店等からの寄付金や協賛金も減少していった。また、かつては大綱に使用する藁は無料で手に入ったが、近年はコンバインで刈り取るため大綱の材料に使える藁はなく、必要な形状の藁を調達するためには特別に購入する必要があり、その金銭的負担も発生している。

加えて、保存会の会則で、まつりの運営に関わる者が西町の住民に限定されていたことも、地元の負担を重くしていた。

このような状況下、中止前の2年間連続して、観光客が転倒する事故が起きた。2015（平成27）年の事故は綱引き中に起きた。転倒した観光客は、軽く意識を失った状態だったという。この観光客は自分に非があるとして、現地の保険担当員に連絡先を告げて帰宅し、地元の病院を受診して異常なしとの診断を受け、診療費も自分で支払った。

この事故を受けて、2016（平成28）年は警備体制を強化してまつりを実施したが、左義長倒しの際に転倒した人が、救急車で運ばれ入院した。保存会は、保険担当員とともに現場検証を実施する等、対応に追われた。ただ、事故の目撃者がいないこと等、まつりと事故の因果関係を証明できないことから保険金の適用は認められず、入院費は本人の支払いとなった。

保存会にとって観光に訪れた人の2年続けての事故は衝撃的であり、ただでさえ存続が困難な中、労力をかけてまでやることはないだろう、といった理由から、まつり終了後の2016年3月に保存会の臨時総会で中止が決定されたのである。

文化庁からの指導・助言 「中止」を「休止」へ

「中止」の決定は、2016年4月15日に保存会から敦賀市文化振興課（以下、市担当課）に報告された。次いで同年9月8日と9月9日に地元の新聞で中止が報じられ、保存会長の「(20)18年は何とか再開したい」という趣旨のコメントが載った。ただ、このコメントは保存会長の本意ではなく、9月12日には、2017（平成29）年だけでなく2018（平成30）年以降の開催も未定である旨の文書が保存会から敦賀市に提出された。こうした状況から、福井県教育庁生涯学習・文化財課

と市担当課の担当者が、12月22日に文化庁伝統文化課民俗文化財部門（当時）へ、「中止」の決定に至った報告を行い、今後の対応について協議した。

　文化庁からは、重要無形民俗文化財である以上、短い期間の「休止」として復活を模索するよう指導・助言が入った。人手不足への対応は、保存会の会則で明記されていた「西町に住所を有する成人」という実施者の範囲を拡大し、西町を含む相生町や敦賀市全体を含めても構わないと助言があった。事故への対策は、会場でのアナウンス放送による注意喚起や、事故が起きても自己責任とする文書を参加者に確認させること、あるいは保存会は一切責任を負わないと明記した紙を配布するといった方法が提案された。

　この指導・助言を受け、2018（平成30）年に復活した際は、注意喚起のアナウンスと、主催者は責任を負わない、と記した紙の配布を実施した。

| 各団体の協力 |

　2017（平成29）年のまつりは中止となったが、こうした動きの中で、敦賀市を中心に地域イベントに関わっている「特定非営利活動法人THAP（タップ）」（以下、THAP）では、新聞で中止を知ったメンバーから、地域の伝統がなくなることは寂しいことであり復活させることはできないか、と声があがり、THAP理事長と保存会とが話し合いを実施していた。

　こうしたところへ市担当課が、文化庁からの指導・助言を踏まえ、まつりを昔ながらの形で残していく必要がある旨の説明をし、理解が得られた。こうして保存会と地元の民間団体、そして行政の協力関係ができ、「敦賀西町の綱引き準備委員会」（以下、準備委員会）の結成に向かっていくことになる。

　最終的には、保存会は先祖から伝えられたまつりを存続すること

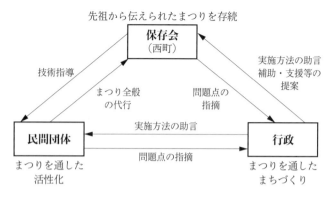

先祖から伝えられたまつりを存続

保存会
（西町）

技術指導

実施方法の助言
補助・支援等の
提案

まつり全般
の代行

問題点の
指摘

民間団体

実施方法の助言

行政

問題点の指摘

まつりを通した
活性化

まつりを通した
まちづくり

図 7-1　団体の協力関係

ができた。民間団体は保存会からの技術指導を受け、まつりを通して活性化もみられた。行政も、まつりを通したまちづくりの模索ができつつある（図 7-1 参照）。

準備委員会
の立ち上げ　西町では、準備委員会開催の前週に保存会の臨時総会が開かれ、まつりを復活・実施することについて決議された。ただ、一度決定した中止を覆すことに反対する人もおり、総意は得られず、多数決により再開が決議された。

　準備委員会には、保存会会長、前会長、顧問、相生町区長（西町も含まれる地区の区長）、THAP、港都つるが株式会社、敦賀商工会議所青年部、敦賀青年会議所、福井県教育庁生涯学習・文化財課学芸員、敦賀市文化振興課課長、同課長補佐、敦賀市立博物館館長補佐らが参加した。夷子大黒会館で、毎回 19 時に開始して 60〜90 分程度実施された。ここでは主に、事務局となった市担当課から議題が提示された。以下、その主な内容を列記する。

　第 1 回準備委員会は、2017（平成 29）年 7 月 6 日に開かれた。まず、①参加者の自己紹介を行った。次に、②年間スケジュールについ

いて、市担当課から、綱引き再開までの行程が説明された。③まつりの運営は、THAPが準備から本番までの作業に実働部隊として全面的に関わることが提案された。タマヅクリや、それを大綱にする作業等は、THAPが保存会から習い、取り組んでいくこととした。また、実施主体を、協力団体が加盟した実行委員会形式の協議会としていくことが提案された。④西町の現状の報告では、保存会から、この前週の臨時総会の内容が伝えられた。⑤予算は、市担当課から、9月の補正予算で支援のための補助金がつくように努力しているが、現時点では補正予算がつくかどうか確約できない旨伝えられた。保存会からは、努力して復活させようというのに、確約できないことを問題視する指摘があった。

　このほか、保存会からは、できることならば先祖から受け継がれてきたまつりをなくしたくはない、という話もでた。各団体にとって、地元の切実な思いを直に聞いたことは、伝統的なまつりであることを理解し、取り組みの刺激になる効果もあったように思われる。

　第2回準備委員会は、2017（平成29）年7月18日に開かれた。ここでは、①準備委員会は、広い範囲を取り込んで運営していきたいため、会長を相生町区長、副会長をTHAPと市担当課を含む敦賀市教育委員会とすることが決定された。②今後の実行委員会形式の協議会の名称は、敦賀西町の綱引き伝承協議会（以下、伝承協議会）に繋がっていく案がだされた。③経費概算として、伝承協議会が発足した際の、まつりや事務の経費等の概算が示された。保存会ではこれまで寄付金や協賛金をもらっていた先へは中止のあいさつをしてしまっているので、THAPが資金集め全般に関わっていくことが提案された。事故対策では、保存会から、保険会社に専門の警備を雇わないと保険金がでないといわれたことが紹介され、専門の警備を

雇うことに決まった。さらに、④伝承協議会として実施していくスケジュール案、⑤実施主体の構成要員として伝承協議会に参加する会員の名簿案も示された。

このほか、第1回の準備委員会で問題視された補助金の進捗状況に関して、市担当課からは議会を通してからでないと確実に支出可能とする確約はできないと発言があった。これに対し保存会からは、早く結論をだしてもらわなければ、地域住民へ説明や相談をするうえで困る、との指摘があった。

第3回準備委員会（写真7–2）は、2017（平成29）年8月9日に開かれた。①伝承協議会の参加団体について、名簿案の修正版がだされ、②参加団体への依頼について、準備委員会名義での伝承協議会の協力依頼文が示された。最後に、③今後のスケジュールが共有された。

ほかに、保存会から、補助金は伝承協議会を立ち上げて再開する場合支出できるのはなぜか。これまで補助金がでていれば、負担は

写真7–2　第3回準備委員会

表 7-1　中止から再開までの経過

日時	主な実施内容・会議等	内容
2016 年　1 月 17 日	敦賀西町の綱引き実施	敦賀西町の綱引き実施。左義長倒しの際に事故
3 月	保存会臨時総会	今後の「中止」を決定
4 月 15 日	保存会が市担当課訪問	保存会から市担当課に、今後の綱引き中止の報告
9 月 8 日・9 日	新聞報道	新聞で中止が報じられる
新聞報道後	保存会と民間団体の話し合い	THAP が保存会と独自に綱引き復活の話し合い
12 月 22 日	福井県・敦賀市担当者から文化庁への報告	市担当課、福井県教育庁生涯学習・文化財課が文化庁伝統文化課へ中止の報告。文化庁からは復活を模索するよう指導と助言
文化庁からの指導後	保存会・民間団体・敦賀市の話し合い	市担当課と保存会、THAP で復活に向けて話し合いが続く。準備委員会の結成に向かう
2017 年　第 1 回準備委員会の前週	保存会臨時総会	多数決により再開が決議される
7 月 6 日	第 1 回準備委員会	議題は①参加者の自己紹介、②年間スケジュールの確認、③まつりの運営、④西町の現状の報告、⑤予算について
7 月 18 日	第 2 回準備委員会	議題は①準備委員会の会長・副会長の選任、②実施主体名称、③経費概算、④今後のスケジュール、⑤実施主体の構成
8 月 9 日	第 3 回準備委員会	議題は①伝承協議会の参加団体、②参加団体への依頼、③今後のスケジュール
9 月 19 日	保存会会合	保存会役員以外の会員も含めた会合。欠席者からは委任状をとったうえで正式な開催の決定
10 月 17 日	伝承協議会設立総会・第 1 回総会	設立総会では、伝承協議会設立趣意書と会則の承認。役員の選任 第 1 回総会では、事業計画、収支予算を議論
2018 年　1 月 21 日	敦賀西町の綱引き再開	注意喚起のアナウンス放送と、注意書きの紙の配布
5 月 28 日	第 2 回伝承協議会総会	まつりの反省・見落とし点について議論

軽くなり継続できたかもしれない、とする不満の声もあがった。これまでの行政の支援が不十分であったことが示される形となった。

2017（平成29）年9月19日には、保存会の代表として出席していた役員以外の保存会員も参加した会合が持たれ、翌2018（平成30）年1月に再開することの最終確認の採決が行われた。当日の欠席者からは保存会が委任状をとり、結果として正式に復活・再開が決定された。

なお、準備委員会とは別に、保存会と市担当課との間で、慎重な相談や連絡、話し合いが常時実施されていたことを付記しておく。また、補正予算としての補助金は150万円が9月の議会で成立した。

私の感想であるが、準備委員会では、行政側の姿勢に否定的な意見もでたが、現実的な問題が率直に共有された。役所の会議室等ではなく、地元の人が使い慣れた会館を使用したことにより、本音が抑制されず正確に語られたように思う。

写真7-3　第1回伝承協議会総会

| 敦賀西町の綱引き
伝承協議会の設立 |

2017（平成29）年10月17日、敦賀市立博物館で「敦賀西町の綱引き伝承協議会」の設立総会と第1回総会が開かれ、伝承協議会が公に発足する（写真7-3）。総会へはマスコミの取材も入った。加盟団体は、相生町、敦賀商工会議所、敦賀青年会議所、敦賀市漁業協同組合、敦賀美方（みかた）農業協同組合、敦賀信用金庫、港都つるが株式会社、THAPである。そして、顧問に保存会、オブザーバーに福井県教育庁生涯学習・文化財課、市担当課が加わった。

　前半の設立総会では、伝承協議会設立趣意書と会則が承認され、役員の選任で会長に相生町区長、副会長に敦賀市漁業協同組合長を選出した。後半の第1回総会では、事業計画、収支予算が議論され、伝承協議会が全面的にまつりの運営に関わる体制ができあがった。

　こうして2018（平成30）年1月21日、敦賀西町の綱引きは復活・再開した。復活後の5月28日には第2回伝承協議会が敦賀商工会議所で開かれ、まつりの反省が行われた。復活1年目は目立つため寄付金・協賛金をある程度集めることができたが、今後は減少が見込まれる、といった現実的な問題が議論された。また、まつり終了後のゴミの扱いまで想定しておらず、地元の人たちに片づけや処分の費用を負担してもらうことになったことから、今後は伝承協議会で対応する等、見落としのあった点も議論された。

| 保存・活用に
向けた行政的課題 |

今回のように、予算がつくかどうか不明瞭な状態では、目標に向かって進む中で常に不安がついて回ることになる。緊急的な案件では、支援方法を早い段階で確約できるような仕組みを、あらかじめ構築しておくことも必要であろう。

　また、敦賀西町の綱引きでは、中止の決定を覆すことに難色を示

す人もおり、保存会長も当初判断を覆すことに難色を示していた。この姿勢は、議論を尽くしたうえでの決議を尊重して守り抜くという意思を示している点で尊いことである。今回は地元の理解と寛大さから、決定を覆していただき復活に至った。ただし、住民の中には、一度中止を決議したことから、綱引きに表立って参加しなくなった方もいる。行政は、保存会の悩みにいち早く気づき、地元が納得する方法で継続を模索する必要があったといえよう。

　根本的な問題として、行政には、指定段階での充実した説明と、その後の経過の見守りの体制を整え、公共的に保存・活用していく責務がある。文化財指定は、地域に箔をつけるだけの感覚ではなく、指定後も、文化財保護法のいう国民の文化的向上、世界文化の進歩を目的とした存在に高めていくことを意識すべきである。

観光客に求められる地域への理解　敦賀西町の綱引きのように、初めて訪れた人でも快く参加させてくれるようなまつりは、観光資源の目玉になるだろう。ただし、無形の民俗文化財は、あくまで地域が守り伝えてきたまつりであり、必ずしも楽しむだけのイベントではないことを、観光客に十分に理解してもらう必要がある。

　敦賀西町の綱引きの場合、文化庁の指導・助言もあり、事故への対策を講じることになった。それは結局、地元がこれまでになかった負担を強いられたことになる。敦賀市からの補助金以外に、この出費を回収する仕組みも備わっていないのが現状で、補助金ももとをたどればそのほとんどが地元住民の税金である。観光客は、いわば地元の負担の賜物のうえに、ただ乗りしている状態ともいえるのである。観光客は地元がまつりに対して多くの犠牲を払っていることについて、深い理解と同情と共感を持つべきで、それにより文化

財という資源の保存と活用に誠実に協力することが求められている。

　具体例を示せば、私はまつりの場で、観光客が平然とゴミを投棄する場を幾度となく目撃している。ゴミの処理にも金銭的負担が発生する。その先に地域で観光客を呼ぶことへのためらいの気持ちも表れてくる。観光客のわずかな気配りだけでも、地元の負担を、金銭面と精神面から確実に軽くすることができるはずである。

行政による無形の民俗文化財への補助金の制度

福井県では、無形の民俗文化財に交付できる補助金制度が構築されている。その推移と実態は、福井県無形民俗文化財保護協議会（以下、保護協議会）により 1978（昭和53）年に創刊され、以後ほぼ毎年発行されている会誌『ふくい無形民俗文化財』に記載された予算や決算の報告や、保護協議会事務局から保存会に配布される補助金の交付申請に係る書類から確認できる（高橋 2021）。ここから得られる情報から、補助金の推移とその実態を確認する。

　補助金は、保護協議会に加入している保存会を対象としてきた。それは、各保存会が保護協議会へ補助を申請し、とりまとめた保護協議会が福井県に対して一括申請する方式がとられているためである。そして事業を完了すると、同じルートで実績報告が福井県に提出され、適正な執行が認められると、これと逆のルートをたどり、各保存会へ補助金が交付される。

　保護協議会に加入できるのは、国の重要無形民俗文化財や福井県指定無形民俗文化財、国の記録作成等の措置を講ずべき無形の民俗文化財を担う保存会のうち、保護協議会の趣旨を理解し、年会費を支払っている保存会である。

　年会費は、はじめ 5000 円もしくは 3500 円だったのが、1996（平成8）年度から 7000 円になっている。保護協議会の目的に賛同した

賛助会員の制度もあり、1口あたりの金額は個人が1000円。法人がはじめ2万円で、1985（昭和60）年度頃から5000円になっている。5000円に下がった頃に法人の賛助会員数が、それまでの数団体から40団体前後へと急増していることから、集金できる額が増加したことで会費を減額したものと推測できる。この年会費や賛助会費は、協議会誌の製本費や講演会・見学会の活動費等にあてられている。

保護協議会の事務局は、福井県教育庁生涯学習・文化財課に置かれ、保護協議会の予算管理を担い、補助金予算の管理や適正な交付にも関わる。このほか、保護協議会の総会や理事会、見学会の運営等もサポートしている。

保存会の受けられる補助金 この補助金は、少なくとも1972（昭和47）年度には交付されていたことが確認できる。記録が残る1977（昭和52）年度の補助金の名称は「後継者育成事業補助金」で、担い手不足を解消するための補助だったと考えられる。これは、各保存会に対して、3〜5万円の補助額が順番に交付される方法がとられていた。保存会からすると数年に一度、定額の補助金が交付される状態だったといえる。名称の変更はあるものの、この形での補助は2012（平成24）年度まで続いている。

1995（平成7）年度からはこれに加えて、「無形民俗文化財活性化事業補助金」が交付されるようになる。この補助金は、申請のあった保存会へ交付する方法をとる。2005（平成17）年度以降は1団体あたり年間に補助を受けられる上限が20万円であることが確認できる。これ以前に上限があったかは資料がなく不明である。また、補助区分が設けられ、補助対象も規定されていたようである。この補助金も名称の変更はあるものの、2012（平成24）年度まで続いて

いる。

2013（平成25）年度、上記の2つの補助金は申請方式の「無形民俗文化財伝承支援事業」（以下、伝承支援事業）に一本化され、「保存育成に対する経費」上限3万円、「保存会が神事や芸能を行うための経費」上限12万円、「保存会をPRするための経費」上限12万5000円の枠で補助されるようになる。保存重視の志向から外部の目を意識した活用に重点が移ってきたことが指摘できる。同時に、補助対象も厳密に定められ、備品や消耗品の購入、修理、ポスター等の制作、会場の借上げ等、補助できる範囲が明確化された。

2013（平成25）年度よりも前は資料がなく不明であるが、この伝承支援事業では、使用した全体経費の2分の1の額が補助されると規定されている。つまり、保存会には必ず一定の負担額が伴う。加えて、補助額が3万円未満となった場合は対象外ともなっていたため、少額の補助を受けたい場合、申請できない難点もあった。

2018（平成30）年度からは、上記3つの経費の区分がなくなり、かつ補助の上限が20万円まで引き上げられた。補助額が3万円未満となる場合を対象外とする制限も撤廃された。また、後述するが、従来の補助対象の範囲も拡大された。

補助金の増減と残額の発生　補助金の予算額は、記録から遡ることのできる1972（昭和47）年度は50万円である。1978（昭和53）年度の「後継者育成事業補助金」からは予算100万円となり、1983（昭和58）年度からは80万円、2000（平成12）年度からは72万円（前後関係から推測）となっている。この増減の原因は不明である。1995（平成7）年度からは「無形民俗文化財活性化事業補助金」も加わり、全体で予算280万円と大幅な増額となる。この予算280万円は1999（平成11）年度まで続き、補助金額の最高値をつけていた。

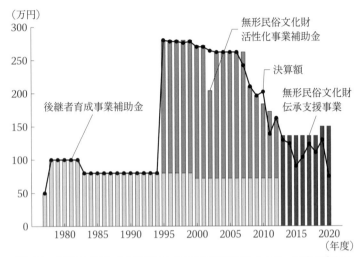

（万円）

後継者育成事業補助金

無形民俗文化財
活性化事業補助金

決算額

無形民俗文化財
伝承支援事業

注）同一内容の補助金でも時期により名称の変更があるため、図中の表記は
はじめにつけられた名称とした。

図 7-2　福井県による補助金の予算と決算額の推移

その後は徐々に減額され、2013〜18年度までは予算136万円まで
沈んでいる。そして2019（平成31）年度からは予算150万円と、や
や増額に転じている（図7-2参照）。

　いっぽう、決算額は、1977〜94年度までは各保存会に均一の補
助金が配分されていたことから、補助金として組まれていた予算は
すべて使い切られている。ただし、1995（平成7）年度からは先述の
ように一部申請する必要のある補助金となった。このためか1996
（平成8）年度からは補助金にわずかに残額が発生していることがあ
る。新型コロナウイルス感染症の影響でまつりの休止が相次いだ
2020（令和2）年度を除くと、2015（平成27）年度が予算136万円に
対して決算額90万6000円で執行率が最低になっている。

補助金運用の実態　申請方式の補助が加わった1995（平成7）年度以降、年度によっては補助金の予算の満額を使い切れていない状況がある。これを受けてその後の予算額は減少傾向にあり、2013（平成25）年度の予算額はピーク時の半額以下にまで落ち込んでいる。これに対し、保護協議会の加入保存会数は増加傾向にあり、2002（平成14）年度に50団体を突破すると、2009～11年度の58団体をピークとし、2020（令和2）年度まで55団体以上を維持している。必ずしも補助金の予算額と保存会数の推移が比例していない実態がある。

　2013年度以降、補助の区分ができて補助対象も厳密に定められたことから、補助金の使い勝手も悪くなった。この状況は、公に総会でも指摘されている。また、領収書等の証憑書類の不備や、補助対象外への使用等により、保存会が割当額の全額を使い切れず減額・残額も発生している。書類の煩雑さから申請をためらう保存会も多く、予算の総額に申請額が届かないことで、予算の未執行分が増えたことも問題提起されている。

　いっぽうで、すべての申請額が予算の総額を上回る年は、各保存会の申請額から一律に減額して交付決定される。こうした際、保護協議会から全体予算の増額の要望もだされるが、結局は執行額に基づいて次年度以降の予算が検討されるため増額には容易に繋がらない。

　さらに問題を複雑にしているのは、とりあえず書類上は満額の補助申請をあげる保存会が一部にある点である。交付決定額を年度内に執行できない場合は、使用しない金額分の取消申請をすることにより、取消分を別に必要とする保存会へ回すことが可能だ。しかし、実際はこうした手続きがなされず、年度末に申請額を下回る実績報

告が提出されることも少なくない。その結果、必要だった保存会へ十分な補助がなされず、未執行の予算が残ってしまう状況にある。

　こうした実態をみてくると、補助金を受ける保存会には、保護協議会に加入している全保存会が1つの枠組みの中で関わっていることをきちんと認識してもらう必要があることがわかる。手続きが多少煩雑であったとしても、この規則の中で手続きを完了していくことにより、全体のまつりを守ることにも繋がる意識を持ってもらうことが必要なのである。

　伝承支援事業では、2018（平成30）年度から、補助できる対象が拡大された。転出者のまつりへの参加や技術の行使のため、居住地と現地を往復する旅費をはじめ、会員等がほかの会員や子ども等を指導する際、1回につき2000円以内、上限を年間3万円として補助する報償費といったものがそれである。

　いっぽう、直会の際の飲食や神前への供え物といった、神仏との直接的交わりや、想いを捧げる等の信仰行為に係る費用は補助の対象外とされている。こうした一見、税金を使って実施すべきことではないようなものも含めて文化財と切り離せないこともまた事実である。今後も文化財に関する視野を拡げ、どこまでを補助対象として認めるのかを逐一見直し、対応していく必要があるだろう。

　まつり運用への行政の姿勢　保存会が抱える諸問題は、行政が保存会との対話を常日頃行っていなければ見過ごされてしまい、気づいた時には手遅れの状況になっていることが少なくない。

　そのため、行政は保存会と一定の時間関わることで信頼関係を構築したうえで、その運用に直接影響を与えている問題はもちろんのこと、保存会の財務状況、まつりの中での収入や支出の状況、地域からの寄付金等の収入の状況、さらにはそれらが今後どのように推

移するかの予測までを含めて確認することが必要である。

　このために行政は、時間をかけて各保存会と関わり、また信頼関係を構築できる専門人材を確保、育成するのが急務であろう。こうした人材の育成は決して難しいことではない。専門職員に正式な業務として準備や片づけを含めたまつりの現場へ足を運ぶ十分な時間と、問題の解決や補助金業務改善に関する提案の機会等の権限を与えるだけで、十分に足ることである。

　単なる、一時的・限定的な補助をする行政と、補助を受けて実施する保存会の関係ではなく、行政と保存会とが直接対面し、現場での対話を通しながら、協働してまつりを保存し活用していくための問題点を洗い出し、解決していくことが何よりも必要である。

●参考文献

夷子大黒綱引保存会　1991『夷子大黒綱引き記録誌』

高橋史弥　2021「福井県の無形民俗文化財に対する補助金支給について」『リサーチ福井』3 号、リサーチ福井編集委員会、pp. 27-33

福井県無形民俗文化財保護協議会　1978〜2021『ふくい無形民俗文化財』1〜43 号

コラム6　地方移住とまつりの継承

（嵩 和雄）

　2016（平成28）年11月、後輩の結婚式に呼ばれ山梨県南巨摩郡早川町に向かった。早川町は現在日本で一番人口が少ない町であるが、向かうのはその最北部にある奈良田集落である。奈良田集落は多くの民謡や踊り、独特の言語が残っていることから「秘境」とも呼ばれている。

　式をあげる2人はともに移住者で、新郎は学生時代に早川町の地域作りに関わったことがきっかけで、地元の地域作りの中間支援組織のNPO法人日本上流文化圏研究所に就職、その後新婦となる私の後輩が卒業論文の調査のため、早川町を訪問したのをきっかけに翌年に移住してしまった。

　結婚までの経緯はともあれ、2人が暮らす奈良田集落で行われる結婚式は実に42年ぶりということで、会場の奈良田八幡社公園には集落総出で、大々的なお祭りのようであった。

　新婦の住む集落から新郎の住む奈良田集落への嫁入りという伝統に則った形で始まった結婚式はまさにまつりそのものであった。

　そこで披露されたのは、新婦の三味線と、新郎と地元の地域文化伝承グループである白樺会のメンバーらによる「奈良田盆唄」だった。学生時代から地域振興に関心を持ち、まちづくりの現場に入り込んでいた2人は早くから地元の伝統文化でもある奈良田民謡に興味を持ち、白樺会に加わることとなり、この日の披露となった（写真1）。

　この白樺会は、ダム建設による集落移転を機に、1960（昭和35）年に当時の若者たちが地域文化を残すため発足させた組織であり、その事業の1つとして民謡の継承や普及活動を行っていた。

　しかしながら、この奈良田集落でも過疎・高齢化の波は容赦なく押し寄せ、民謡や踊りの継承の機会であった盆踊りも、1990（平成2）年を最後に行われなくなってしまった。

写真1　結婚式で披露された奈良田盆唄

白樺会の創設メンバーも80代ということもあり、地域の人間だけでは奈良田の文化を継承できないと覚悟したメンバーは、町外に住む出身者やUターン・Iターン者にも積極的に会に加わってもらうようになり、冒頭の結婚式での披露となった。

　その後、新たに奈良田集落に移住した5人家族のIターン者も加わり、踊りの後継者も育ちつつある。こうした動きを受け、2018（平成30）年の夏には「奈良田盆踊り復活祭」として28年ぶりとなる盆踊りが開催された。2021（令和3）年は新型コロナウイルス感染症の影響で中止となったが、第1回復活祭での実行委員の「10年は続ける」という意志のもと、盆踊りを続けられる体制を作っている。

　奈良田集落のように若い移住者の参加によって地域文化が受け継がれていくことは、決して珍しいことではなくなってきた。かつて、地方移住は中高年のセカンドライフとしての位置づけであったが、最近はその流れが変わりつつある。地方への移住支援を行うNPO法人ふるさと回帰支援センターへの移住相談は相談者の約7割が20～40代となっており、若年層の田園回帰志向が高まっているといえる。この田園回帰志向には、移住という居住地変更を伴う移動だけでなく、地方への関心の高まりもある。先に紹介した奈良田へIターンした家族も学生時代に「地域づくりインターン」として地域作りの現場に入り込んでいたメンバーである。

　いっぽう、Uターン者の動きにもこうした地域文化は影響を与えている。島根県飯石郡飯南町の飯南神楽団（写真2）は2005（平成17）年、飯南神楽同好会として発足し、現在は町内外で公演活動を行っており、ここにも「神楽を舞うかっこいいお兄さんたちに憧れて」、ふるさとにUターンしてきた若者がいる。

　地方移住は単なる人口を増やすことではなく、まつりを含めた地域文化の継承と、地方で暮らす人々の誇りの継承に繋がるものであると確信している。

写真2　飯南神楽団の練習風景

●参考文献

日本上流文化圏研究所　2017『やまだらけ』No. 82
日本上流文化圏研究所　2021『やまだらけ』No. 94

8 章

等覚寺の松会
——「綱打ち」の継承に向き合う

（久野 隆志）

まつりの変容 まつりは、ある目的のために、決められた日に、決められた人たちが、決められた場所で、決められた方法で行うものと考える。古くから伝承されてきたまつりであっても、近年創出されたまつりであっても同様であろう。

中でも古くから行われ、今日まで伝承されてきたまつりを概観すると、実施期日、場所、所作などが以前と変わっているものが少なくない。その内容をみると、きっかけは大なり小なり社会変容であることが多いが、意図せずに変容したものもあれば、意図的に変容を図ったものもある。

私はかつて調査時に、伝承者から「農作業をやらない人が多くなったり、洋式トイレが増えたおかげで腰を落とす動作が少なくなり、基本的な所作は変わらないが、腰の位置など細かいところは変わった」といわれたことがあり、これは前者の例といえるであろう。

いっぽう、後者の最たるものが実施期日の変更である。例えば、まつりが行われる地域の外で働く人が多くなり、まつりの日は仕事を休むという地域内での暗黙の了解が通用しなくなった。このように、遠方にいて参加できなくなった人が増加したことから、本来は決められていたはずの実施期日を週末や祝日などに変更し、参加者の確保を図っている試みが増えつつある。現在、まつりの実施期日

が「第○日曜日」や「第○土曜日を挟む3日間」にされていることがなんと多いことか。

　近年の典型的な例としては、重要無形民俗文化財「春日の婿押し」(1995年国指定・福岡県春日市)がある。小正月(1月15日)の前日14日に行われてきた、その1年の間に結婚した夫婦を祝う行事が、「国民の祝日に関する法律の一部を改正する法律(平成10年法律第141号)」の施行、いわゆる「ハッピーマンデー制度」の導入により、15日が祝日であることで参加できていた人が参加できなくなった。このため、保護団体である「春日三期組合」は、実施期日を「1月第2月曜日の前日(現行の成人の日の前日)」に変更した。

　もちろん、これらの変更はまつりを維持するために地元が一所懸命に考え抜いた結論であり、否定されるべきものではない。ただ、この変更のプロセスの中で、例えば地域内で働く人と地域外で働く人、本来の実施期日に休める人と休めない人など自身が置かれた環境により、往々にして意見が対立することも少なくない。後述するが、こうしたことが起こらないよう、関係者間で丁寧な議論、記録などが必要になる。

　本章では、人口減、高齢化などの社会変容に直面した福岡県京都郡苅田町に伝承される重要無形民俗文化財「等覚寺の松会」(1998年国指定)、特にその「綱打ち」をめぐる伝承の動きを中心に述べていく。

等覚寺区と「等覚寺の松会」　本章の舞台となる苅田町は、九州北部、福岡県北東部に位置する面積約50km²、人口4万人弱の町である。町の東側は瀬戸内海西部の周防灘に面しており、重要港湾に指定されている苅田港を中心に臨海工業地帯が広がっている。

　いっぽう、町の西側はカルスト台地の平尾台から連なる山々に面

写真 8-1　苅田町全景（苅田町教育委員会提供）

しており、その貫山系の山間に「等覚寺の松会」が伝承される等覚
寺区がある。等覚寺区は、古くは旧豊前国（現在の福岡県と大分県の
一部）における山岳信仰の拠点の1つであり、普智山等覚寺が所在
したことが地名の由来である。

　普智山等覚寺は、大和東大寺の慧空が734（天平6）年に開山した
とも伝えられている。数度の復興を経ながら中世期には繁栄を誇っ
た。戦国時代には一時廃れたが、江戸時代に再興され、その後明治
時代を迎えた。明治初期にはいわゆる「神仏分離」により、等覚寺
は白山多賀神社となり今に至っている（写真8-1）。

　なお、区としての等覚寺は、江戸時代には山口村、1889（明治22）
年からは合併により白川村に属し、昭和の大合併により1955（昭和
30）年からは苅田町大字山口の一自治区となって字名として残され
ている（以降、本章で「等覚寺」といった場合は区・字名としてのそれをさす）。

表 8-1　白川地区一覧（苅田町教育委員会提供）

旧村名	白川村：1955（昭和 30）年 1 月 1 日に現苅田町へ合併								
現地区名	苅田町白川地区：計 10 区								
現区名	等覚寺区	山口区	八田山区	谷区	稲光区	稲光上区	法正寺区	黒添区	鋤崎区	葛川区

等覚寺は現在、高齢化、過疎化により限界集落とも呼ばれるようになっており、2021（令和 3）年時点、わずか 13 世帯 20 人が住んでいる（表 8-1）。

　今日、白山多賀神社で行われている「等覚寺の松会」は、953（天暦 7）年に谷之坊覚心により始められたとも伝えられる。「松会」とは、豊前地域の山岳信仰の拠点となった英彦山霊仙寺（福岡県添田町、現英彦山神宮）などの山岳寺院で旧暦 2 月頃に行われていた重要な祭礼であった。「等覚寺の松会」もかつては旧暦 2 月 19 日に行われていたが、明治改暦後の新暦 4 月 19 日を経て、現在は 4 月第 3 日曜日を中心に行われている。

　旧豊前国における山岳信仰の主要な拠点で松会が残されているのは、普智山等覚寺のほかに英彦山霊仙寺、求菩提山護国寺（同県豊前市、現国玉神社）、松尾山医王寺（同県上毛町、現三社神社）、檜原山 正平寺（大分県中津市、現存）があるが、現在でも「幣切り」が残されているのは、「等覚寺の松会」のみである。

等覚寺の
松会次第

「等覚寺の松会」は、その準備も含め、実施期日の変更や「馬とばせ（流鏑馬）」の中断などが認められるが、いずれも「等覚寺の松会」を今日まで伝承するために必要な展開であったと理解している。以下、2018（平成 30）年の行事の次第について述べることとする。

　まず 4 月第 1 日曜日、「柱起し」が行われる。「柱起し」とは、幣

写真 8-2　松柱　　　　　写真 8-3　綱打ち（苅田町教育委員会提供）

切りの際に「盛一臈」と呼ばれる施主が登る松柱を松庭に立てるもので、長さ 33 尺（約 11m）もの柱にカズラを 33 か所縛りつける（写真 8-2）。

　次に 4 月第 2 土曜日に松会で使用する大幣などを準備する「幣はぎ」、神社や禊場、等覚寺の奥の院であった青龍窟などに注連縄を張る「七五三おろし」を行う。

　翌日の 4 月第 2 日曜日、等覚寺区と同じく白川地区の稲光区、谷区、隔年で担当する山口区および八田山区の 3 区が柱にとりつける約 30m もの大綱を伝統的な技法により制作し、等覚寺に奉納する「綱打ち」が行われる（写真 8-3）。地元では、等覚寺から水をいただくお礼に大綱を奉納した、あるいは疫病退散を祈願し、龍を模したとされる大綱を奉納したことが由来とも伝えられている（若杁 2020：102）。このことは、等覚寺とその周辺地域との歴史的関係性を表しているものとして注目される。各区で作られた大綱は、吉事のあっ

152

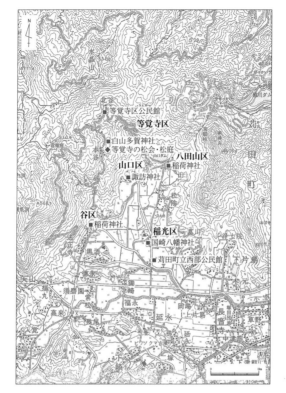

図 8-1　綱打ち行事位置図（苅田町教育委員会 2022 より転載）

た家をめぐった後、松庭に運ばれ、「柱起し」で用意された松柱に
各区が決まった方向に設える。

　また、同時に白山多賀神社においては、その年の施主から次の年
の施主へ受け渡される「御座」が行われる。

　4 月第 3 日曜日の前日、その年の施主と次年の施主は苅田町に隣
接する行橋市の蓑島海岸まで行って禊を行い、海水を竹筒に入れて
等覚寺に戻って白山多賀神社や施主の家などを浄める。

「等覚寺の松会」の中心となる行事である「幣切り」が行われる翌4月第3日曜日は、未明に施主により白川の禊場で行われる「禊」から始まる。

　次いで、神遷しを終えた神輿が白山多賀神社から松庭の御旅所に渡御する「御神幸」が行われる。松庭では2頭の獅子が松庭を浄める「獅子舞」、続いて6体の鬼が松庭を浄める「鬼会」があり、「田行事（お田植祭り）」が行われる。

　「田行事」ではまず、施主が松柱の周りに種籾を蒔く「種蒔き」、五色幣のような飾りをとりつけた笠を被った子どもたちが田打歌に合わせて田を鋤く所作をする「田打ち」、農夫が鋤や馬鍬などを持ち畔切り、畔塗り、代かきをする「おとんぼし」と呼ばれる所作、田植歌に合わせて子どもたちが田植えの所作をする「田植え」が行われる。そして田植えの後、妊婦姿の「孕み女」が松庭に登場し、子どもたちをねぎらったり、面白おかしい所作を演じる。松会につきものの豊作を祈願する予祝行事である。

　続いて子どもたちが胸の前にとりつけた締太鼓を打ち鳴らす「楽打ち」が舞われ、鉞を持った舞い手が鉞の刃を打ち合わせる「鉞舞」、長刀を持って舞う「長刀舞」といった「刀行事」が行われ、いよいよ「幣切り」となる。

　幣切りでは、まず白い大幣を斜めに背負った施主が法螺貝の音に導かれるように柱の頂上まで登る。そして頂上で天下泰平・国土安全・五穀成就の祈願文を読み上げ、天地四方を浄め、手にした刀で大幣の串を切り落とす（写真8-4）。この時の切れ味によってその年の吉凶を占うとされ、年占の要素も垣間見える。

　松庭に舞い落ちた幣は、施主が「田行事」の種蒔きの際に蒔いた種籾に神が宿るとされ、この種籾や幣を家の種籾に混ぜると豊作に

なるとも伝えられている（若杉 2020：103）。見学者たちは種籾や幣を拾って持ち帰る。「幣切り」を終えると、松会に終わりを告げる「柱倒し（柱休め）」で松柱を倒す。

写真 8-4　幣切り

翌日には、その年の施主から次の年の施主に諸道具が引き渡される「受取渡し」が行われ、一連の行事が終了する。

　なお、「等覚寺の松会」は、1956（昭和31）年、福岡県により「等覚寺の松会」として福岡県指定無形文化財に指定され、1976（昭和51）年には福岡県文化財保護条例の改正により福岡県指定無形民俗文化財として改めて指定された（無形文化財は指定解除）。また、国により 1975（昭和50）年に記録作成等の措置を講ずべき無形の民俗文化財に選択され、1998（平成10）年に「我が国の民間信仰に大きな影響を与えた修験の伝統をよく伝える特色ある行事である」（『国指定等文化財データベース』による）として重要無形民俗文化財に指定された。

| 「綱打ち」伝承の危機 | 前述の通り等覚寺区は限界集落とも呼ばれている地域である。重要無形民俗文化財としての保護団体は |

等覚寺松会保存会が担っており、厳しい状況下にあっても伝承を絶やすまいと日々努力している。このほか、等覚寺区を応援し、同区

の地域活性化を図るために組織された「等覚寺応援団」や白川地区区長会、白川地区の環境の保全と地域文化の継承を目的とした「郷土の自然と文化を守る会」の力も借りている。また、「田打ち」などを行う子どもたちは近隣の白川小学校の児童が務めている。

　このような伝承に苦労しているのは、等覚寺松会保存会のみならず、松柱にとりつける大綱を制作する「綱打ち」を行う稲光区、谷区、山口区および八田山区でも同様である。各区も以前から高齢化による担い手の減少などにより苦労しつつも綱打ちを行ってきた。しかし、農業従事者の減少により藁などの原材料確保も厳しい状況になってきており、綱打ちの存続に危機感を持っていた。なお、2015（平成27）年時点の世帯数は、稲光区60世帯、谷区60世帯、山口区68世帯、八田山区23世帯であるが、世帯数が最も多い山口区でも80代が多くを占めている状況である。

　そうした中、2012（平成24）年12月にはついに各区長連名による陳情書という形で苅田町に支援を求めざるをえない状況になった。以前から「等覚寺の松会」の伝承に危機感を覚えており、広くアンテナを張っていた苅田町（教育委員会生涯学習課）は、各区から出された要望をもとに2013（平成25）年の綱打ちに合わせて現状調査を実施し、さらに翌2014（平成26）年2月に各区とも協議を重ね、とりまとめた内容を文化庁や福岡県の民俗文化財担当に詳細に報告した。

　一般的に、規模の小さな自治体の文化財担当職員は、大学などで考古学／埋蔵文化財を専攻した人物が務めることが多い。しかしいかんせん、いざ就職してみると美術工芸品や天然記念物、民俗文化財など様々な種別の文化財と総合的に向き合わざるをえない。苅田町でも例に漏れず、担当者は埋蔵文化財を専門としていたが、他の種別の文化財にも理解があったことから迅速な対応をとることがで

きた。また、苅田町は、各区の人々が伝承の中心であると捉えながら即対応したことが、地元や文化庁などからの信頼を得ることにもなり、その後の様々な対応をスムーズに進めることができたと思われる。また、担当職員は町長や町職員に対して逐次行事の現状を周知し、苅田町の文化財に関する諮問機関である苅田町文化財保護審議会にも適宜報告するなどして、関係者間の共通認識の醸成を常に図っていったことも重要である。

　こうした動きによって苅田町がまとめた現状と、それに対しての対応案は、以下の通りである。

［現状（問題認識）］

　Ⅰ　区の高齢化、また、特に男性比率の低下により大きな力が必要な作業ができず、総体的に担い手が減少している。

　Ⅱ　以前は、各区はいずれも農業を中心とする地域であったが、非農業従事者が増えたことにより水の必要性の認識が薄くなり、等覚寺から水をいただくお礼とされる「綱打ち」に参加する意義を失いつつある。

　Ⅲ　農業技術の変化などにより、大綱の原材料である藁などの確保が困難になっている。一部の区ではすでに原材料の購入を始めている。

［対応案］

　ⅰ　大綱を毎年制作せず、半永久的な化学繊維製の大綱にする。

　ⅱ　「綱打ち」自体を簡素化する。

　ⅲ　白川地区の他の区からも参加者を募集する。

　ⅳ　区ごとではなく、区合同で「綱打ち」を行う。

ⅴ　「綱打ち」を業者や他団体に委託する。

　この報告を受け、苅田町と文化庁文化財部伝統文化課（現文化財第一課）民俗文化財部門、福岡県教育庁文化財保護課などを交えた協議が数回にわたり行われた。

　その机上、文化庁の担当調査官からは無形の民俗文化財保護の観点から以下の意見がだされた。

①　無形の民俗文化財は、社会状況に合わせて緩やかに変化するものである。この点を考慮し、文化財保護法の重要無形民俗文化財に関する条文には現状変更等の規制がない。したがって、これが正解というものはない。ただし、いっぽうで「綱打ち」は、「等覚寺の松会」の主要な要素であり、しっかり伝承すべきこと。

②　変化については、社会状況により変わらざるをえなく、かつ、指定の内容を損なわないものであるならば、変化することも可能と考えられるが、その許容範囲はどこまで許されるのか慎重に考える必要がある。

③　社会状況に合わせて変えざるをえない場合は、当該団体の総意として決定すること、その際は変更の理由、変更の適用年、変更決定のプロセス（どんな議論が行われたか、いつ、どの場で決定したかなど）を記録し、関係者間で共有すること。

　これらの意見を踏まえ、関係者間でⅰ案からⅴ案について慎重に検討した。まず、大綱を半永久的な化学繊維製にする案（ⅰ案）、業者や他団体などに制作を委託して実質的に行事を中断する案（ⅴ案）は、「綱打ち」が「等覚寺の松会」の主要な要素であると考えると、

変化の許容範囲を超える恐れがあるとの意見でまとまった。また、これまでの「綱打ち」をさらに簡素化する案（ⅱ案）も同様の観点から馴染まないということになった。

　残る白川地区の他の区から参加者を募集する案（ⅲ案）は、すでに「等覚寺の松会」の中でも行われていること、担い手が少なくなった他の無形の民俗文化財でも同様な事例があること、また各区合同で「綱打ち」を行う案（ⅳ案）についても他地域の事例があり、重要無形民俗文化財を伝承する観点からも受け入れやすいとの結論に至り、ⅲ案およびⅳ案を軸として今後の綱打ちの伝承を考えることになった。

　2015（平成27）年、「綱打ち」は従来通り実施することができたが、作業終了後、山口区から翌年の実施は困難との申し出があった。このため、各区合同実施の案（ⅳ案）も考えられたが、来年の実施が可能である稲光区、谷区は例年通り実施することとし、まずは山口区への支援に絞ってとりかかることにした。

　翌2016（平成28）年3月、実施期日を4月第1土曜日とした山口区の「綱打ち」に向けて、苅田町は「まちの歴史講座『等覚寺の松会の歴史と現状』」を開催し、「等覚寺の松会」の歴史や文化財的価値について説明したうえで、「綱打ち」に協力してもらえるボランティアを広く募った（写真8-5）。いわゆるⅲ案を実践に移したのである。その結果、苅田町内に工場を置くトヨタ自動車九州株式会社や日産自動車九州株式会社などの企業や苅田町職員などが参加し、山口区や八田山区の有志の指導のもと「綱打ち」が行われた。このことは多くの新聞などで報道され、2017（平成29）年から2019（令和元）年にかけても同様の体制で「綱打ち」を実施した。

　さらに苅田町は汗をかき、2020（令和2）年の山口区および八田山

写真 8-5　松会綱打ち隊ボランティア募集チラシ（苅田町教育委員会提供）

　区の綱打ちについては、区の有志やボランティアが参加することも
念頭に置きながら、「郷土の自然と文化を守る会」を中心に実施す
るよう調整した。これはⅳ案に近い形である。しかし、同年は新型
コロナウイルス感染症拡大予防のため、残念ながら「等覚寺の松
会」自体の開催が中止になり、「綱打ち」も実施されることはな
かった。

　こうした苅田町の取り組みは、社会変容によって生じた「綱打

ち」の担い手不足という状況をボランティアなどの支援を経つつ、さらには「綱打ち」の安定的な実施を目指し団体間の調整を図っていったものである。行政のこうした主体的な取り組みは、他の無形の民俗文化財の伝承でも大いに参考になる事例であろう。

「綱打ち」は準備か　「綱打ち」は、重要無形民俗文化財としての「等覚寺の松会」からみると、毎年4月第3日曜日に行われる「等覚寺の松会」に使用する大綱の準備であると捉えられてしまう場合が少なくない。しかし、「綱打ち」は、「等覚寺の松会」で大綱を白山多賀神社に奉納するという目的を持つ。そのために毎年4月第2日曜日に、稲光区、谷区、山口区および八田山区の人々が、それぞれの区の神社などで、伝統的な制作方法で大綱を作り奉納してきた。また、「綱打ち」当日には吉事のあった家から接待が供されることにもなっている。こう考えると、大綱を奉納する区にとっては、「綱打ち」自体が我が区の大切な「まつり」であるといえよう。つまり、今回の「綱打ち」に関する現象は、無形の民俗文化財そのものの問題に置き換えて考えるべきである。

　ところで、なぜ「綱打ち」は単なる準備であると捉えられてしまうのだろうか。例えば、文化庁の『国指定文化財等データベース』で「等覚寺の松会」を検索すると、「公開日（実施期日）：毎年4月第3日曜日」（カッコ内は引用者）とされており、「綱打ち」は実施期日には含まれていない。しかし、同データベースの解説をみていくと、「翌日、柱は倒されて解体され、来年の施主に権現様の御絵図と御神刀・御神酒スズが渡され、行事は終了する」と書かれており、指定当時の文化庁の担当者も一連の行事によって「等覚寺の松会」が構成されていると認識していたことがわかる。また、福岡県指定無形民俗文化財の指定時に等覚寺松会保存会が作成したチラシにも

「祭りの主な行事は、4月第1日曜日の柱起こしから始まり」と書かれており、さらには、「等覚寺の松会」に関するいくつかの報告書をみても、「綱打ち」などの前段階の解説に実施期日とほぼ同じボリュームの記述がなされている。これらのことから、地元ではもともと「綱打ち」も「等覚寺の松会」の一要素として認識していたのではないか、また、その認識が残っているからこそ、報告書などにはいわゆる準備から詳細に記録されたのではないかと思われる。では、このいわゆる準備という考え方はどこから生じてきたのか。私は、それは無形の民俗文化財の指定のあり方に起因しているのではないかと推測する。

　我が国の文化財保護行政の根幹をなす文化財保護法（昭和25年法律第214号）第2条第3項において、民俗文化財は「衣食住、生業、信仰、年中行事等に関する風俗慣習、民俗芸能、民俗技術及びこれらに用いられる衣服、器具、家屋その他の物件で我が国民の生活の推移の理解のため欠くことのできないもの」と規定されている。このため、同法第78条第1項に基づく重要無形民俗文化財、特に風俗慣習の指定の際に「我が国民の生活の推移の理解のため欠くことのできないもの」を狭義に絞って指定せざるをえないのではないかと考えている。このことは都道府県指定や市町村指定でも同様である。したがって、「等覚寺の松会」も『国指定文化財等データベース』の解説にある「修験の伝統」に保護する対象を絞らざるをえなかったのではないかと思う。

　また、文化財指定に際して新聞やテレビなどで報道されると、実施期日（この場合、行事の中心となる日）のみが大きくアナウンスされるため、一般的に実施期日のみが認識され、その他の行事についてはあまり認識されてこなかったのではないかとも思う。

　同様の例が、重要無形民俗文化財「戸畑祇園大山笠行事」（1980年国指定・福岡県北九州市）である。巡行する大山笠が、昼は幟の大山笠（幟大山笠という）、夜は提灯の大山笠（提灯大山笠という）へと姿を変えるもので、公開日は7月第4土曜日を中日とする3日間（重要無形民俗文化財指定当時は7月13〜15日）とされている。しかし、実際には7月上旬に獅子頭を持ち大山笠の運行路や地域を祓い浄める「獅子舞」行事を行う地区もある。獅子頭に頭を噛んでもらうと、その年は健康でいられる、無病息災に過ごせるともいわれているこの行事は、戸畑祇園大山笠行事の公開日から考えると、指定内容には含まれていない。『国指定文化財等データベース』では指定理由を「昼は幟大山笠、夜は提灯大山笠の豪華絢爛たる流れがきが行われるもので、規模が大きく、内容にも特色があり、我が国の祭礼行事の代表的なものの1つ」とされており、獅子舞はこの大山笠の「流れがき」に登場しないがために、地元にとってのまつりの要素の1つでありながら外さざるをえなくなったのではないかと考えられる。

　こうした地元の認識と行政の保護措置との乖離が生じないよう、文化財指定の際は行事全体を調査することはもちろん、中心となる実施期日を支える事柄（期日や内容など）をきちんと把握し、それを国や自治体だけでなく地元にも丁寧に説明し、共有することが重要であると考える。加えて、文化財指定後、年数が経過すると地元の関係者はもとより、文化財担当者も世代交代する。その中で当初共有されていた事柄が喪失されないよう丁寧かつ継続的な対応も心がけるべきである。

等覚寺の松会を取り巻く支援　苅田町の文化財担当者の見事な行動については前述した通りだが、地元や町民からの信頼を得ると「等覚寺の松会」について他地域からも様々な支援が寄せられ

るようになった。

　福岡県小郡市の九州歴史資料館が「等覚寺の松会」の現状を憂慮し、「等覚寺の松会」のみならず、等覚寺に関する総合調査を苅田町と共同で実施した。古文書や発掘出土品、遺跡などまで調査した結果は、2020（令和2）年に『彦山六峰・等覚寺の山岳信仰の研究──豊前等覚寺の山岳霊場・信仰遺跡現地調査報告書』としてまとめられた。

　また、2018（平成30）年には苅田町歴史資料館において苅田町と共催で「『等覚寺の松会』国重要無形民俗文化財指定20周年記念九州歴史資料館・苅田町教育委員会共同開催特別展　『等覚寺の山岳信仰と松会』」が開催され、同展のシンポジウムも苅田町内で開催され、「等覚寺の松会」の歴史や民俗、文化財的価値などが広く発信され、「等覚寺の松会」の再発見に繋がった。

　さらに、苅田町は以前から映像や写真の記録に取り組んでいるが、今回のことを受け、「綱打ち」などを含めた「等覚寺の松会」の伝承が万が一途絶えた際には行事が復元できることを意識に加え、さらなる調査・記録に取り組んだ。民俗文化財に造詣の深い有識者を監修に映像記録を作成するとともに、作成された記録類を複数用意し、長期の保存ができるよう、また、散逸の恐れがないよう東京文化財研究所と共同で分散して保管することにも取り組んでいる。

　また、先の文化庁を交えた協議の中で、観光等の関わりについて「民俗文化財は観光行事ではないが、地域の風土や伝統を色濃く反映するため、観光資源として活用することで地元の活性化に繋がる」との意見があった。「等覚寺の松会」はこれまでも町の宝としても、また、町の観光部局や町観光協会などにより観光資源としても活用されてきたが、近年、近隣の市町と連携した地域振興の取り

知っちょる？京築
「これを読めば、松会・お田植祭がわかる」

「松会」「お田植祭」は山の神に五穀豊穣を予め祈る修験道最大の祭りです。米作りの農耕儀礼や所作で構成され、京築にある修験の里で行われています。なかでも苅田町等覚寺地区では、日本でここだけしか残っていない「幣切り」を含む「等覚寺の松会」が千年に渡り継承されています。

レポーター／トヨヒメ

※地域により所作・順序が異なります

写真 8-6　京築応援団便り（「修験の祭り」特集号より、原賀いずみ氏作成）

165

組みでも新たな活用が図られつつある。それが新たな時代にふさわしい都市圏作りを進める「京築連帯アメニティ都市圏構想」での取り組みである。福岡県東部・京築地域の2市5町と福岡県により京築連帯アメニティ都市圏推進会議が組織され、京築地域の地域資源を活かした取り組みがなされており、その会報誌にも「等覚寺の松会」を紹介するとともに、体験型プログラム「京築めぐり」のプログラムの1つとして「等覚寺の松会」見学ツアーを組み込んでいる（写真8-6）。

　私は、入り口は必ずしも文化財でなくとも、地域振興の切り口から「等覚寺の松会」にアプローチし、「綱打ち」を含む「等覚寺の松会」全体を支援する人が1人でも2人でも誕生すればと思う。ただし、観光や地域振興の場合、ともすれば観客などの外からの目線や感想にばかり重きを置く場合があることには注意が必要である。文化財として考える場合、中心となるべきは、あくまでも地元の伝承者たちであり、観光や地域振興などと考え方が対立する可能性もある。内輪での対立は当該資源がよい状況に向かうとは到底思えない。やはり関係者間で情報を共有し、丁寧に話し合いを重ね、文化財としていうべきところはいう必要がある。

　本章では「綱打ち」を含む「等覚寺の松会」の保存と伝承について、その経緯と現状、私見を述べてきたが、今回の問題を生じさせた限界集落の深化の解決には至っていない。このため、今後も新たにこのような問題が生じることが十分予想される。しかし、ここ苅田町のように行政や支援者が関係者と情報を常に共有し、一丸となって問題に真摯に向き合うことで、時間はかかるかもしれないが何らかの手立てが見出され、「等覚寺の松会」の伝承に繋がっていくものと考えている。

謝　辞

　本章の執筆にあたり、苅田町教育委員会生涯学習課若杦善満氏より多くの御支援をいただきました。厚くお礼申し上げます。

●参考文献

アクロス福岡文化誌編纂委員会編 2010『アクロス福岡文化誌4　福岡の祭り』海鳥社

苅田町・苅田町教育委員会 1993『等覚寺の松会── 一千年の伝統を紡ぐ』苅田町・苅田町教育委員会

苅田町教育委員会編 2011『等覚寺の松会（普及版　改訂）』苅田町教育委員会

苅田町教育委員会編 2022『等覚寺の松会・綱打ち調査報告書──町内無形民俗文化財伝承状況調査』苅田町教育委員会

九州歴史資料館・苅田町教育委員会編 2018『等覚寺の山岳信仰と松会』苅田町教育委員会

京築応援団会報編集委員会・豊の国海幸山幸ネット企画編集 2016『京築応援団便り　豊のくにけいちく　春号』京築連帯アメニティ都市圏推進会議（データは https://keichiku.info/cheering/pdf/kaihou_022.pdf を参照のこと）

等覚寺の松会保存会 1977『等覚寺の松会　無形民俗文化財記録調査報告書』等覚寺の松会保存会

平井武夫編 1981『福岡県民俗芸能（復刻版）』文献出版

宮武省三 1977『九州路の祭儀と民俗（復刻版）』（財）西日本文化協会

若杦善満 2013「綱打ち」『京築のまつり』上毛町教育委員会

若杦善満 2020「国指定重要無形民俗文化財『等覚寺の松会』概要」『彦山六峰・等覚寺の山岳信仰の研究──豊前等覚寺の山岳霊場・信仰遺跡現地調査報告書』九州歴史資料館

苅田まちづくり観光協会　https://kanda-kanko.com/

文化庁『国指定文化財等データベース』　https://kunishitei.bunka.go.jp/

コラム7　保存会／保護団体を法人化するということ

（小林　稔）

　近年、保存会を法人化する動きがある。もちろん、ここでいう保存会とは、まつりをはじめ、無形の民俗文化財を将来にわたって継続・継承していくとする、保護目的のもとに設定された当事者集団のことである。文化財保護法に則ればこれを保護団体といい、指定という行政行為の際に特定（告示）される。その名称表記に何か基準があるわけではないが、およそ○○保存会と謳われることが多く、その物言いに意思の表明が汲み取れる。そして、大方が任意団体であるにせよ、約款・規約その他は必ず有するものであって、その責任の所在も含め、法的見地からしても存在証明は十分成立する。したがって、行政側からすればそれが指導助言の対象であり、補助事業等の受け皿ともなりうる。保存会とは、もとより文化財ありきの存在なのである。

　民俗文化財の保護制度創設からほぼ50年。この間、時代は大きく変わった。保存会は、さながら支援団体かのように誤解を受けた時代から、もはやそれ自体が転換を迫られつつある時代へと向かっている。無論、社会とともにまつりも同じく舵を切ってきた。ただし、これは様式論的な意味ではない。とりわけ運用面においてである。今日、それを遂行するにあたっては、往時では思いもよらない様々な付帯事項が伴ってくる。例えば、防犯防災・交通管理、案内・救護、委託警備、駐車場の確保、仮設桟敷・仮設トイレの設置、清掃・ごみ収集、あるいは周知・発信等々と枚挙に暇がないが、そのための資金繰りも含め、これらは多くの保存会にとって今やほぼ不可避の対策事項であり、必要条件でもある。ましてや事故ともなれば、保存会が訴訟の対象となることさえある。昨今はそうした時代だということを私たちはもっと深く認識すべきである。つまり、これら諸要因が重なって、担い手はもちろん、地域も行政も発想の切り換えと同時に確たる意思の強さが求められている。

　保存会を法人化した重要無形民俗文化財の例をみると、公益財団法人には祇園祭山鉾連合会（京都府京都市）や長浜曳山文化協会（滋賀県長浜市）、淡路人形協会（兵庫県南あわじ市）、阿波人形浄瑠璃振興会（徳島県徳島市）、黒川能保存会（山形県鶴岡市）などがあり、一般財団法人では春日若宮おん祭保存会（奈良県奈良市）、一般社団法人では犬

山祭保存会（愛知県犬山市）、特定非営利活動法人（NPO法人）では壬生の花田植保存会（広島県山県郡北広島町）などがある。これらはいずれも、既存制度の見直しとして実施した2013（平成25）年の番号法成立以降、新たに登録されたものである。中にはそれ以前より法人化していた保存会もあるが、この時が法人として進むか否かの再転機とみてよく、担い手が今後の行く末をどう見据え、対処していくべきかを考える中で法人化という答えをだしたのである。

法人認定を受ける最大のメリットは、人格ある組織として団体自体が契約や所有の主体になることができ、営利目的でなければ税制上の優遇措置が受けられることである。そして、当該法人に寄付をした個人や団体もまた、寄付金控除が適用され所得控除が受けられる。言い方を換えれば、寄付金などの資金集めがしやすくなり、節税対策の利点も生じる。特に都市祭礼など、それ相応の資金確保が優先されるまつりでは、かつて身銭を切って威厳を放った旦那衆らは遥か彼方にあり、今となっては多様な関係企業からの支援が期待されている。

これに対して認定を受けるデメリットとしては、法的拘束力が強く働く、運用に労力を要することである。所管行政の監督下に置かれ、それぞれの認定基準に沿った公益性や適正運営が問われることになり、財団の種別によっては年度単位の活動報告や立ち入り検査の義務もある。もちろん、事務所の設置や情報公開は必須で、資金の流れもガラス張りとなる。ただ、むしろ逆にこれこそが社会的信頼を得られるメリットだとみることもできる。

まつりは、地域社会のあり方や生業状況を反映して展開される。もはや現代のまつりは御初穂のみではこと足りない。これが現実である。しかし、時としてまつりは、伝統に置き換えられ、永続や循環の表象として受け止められ、価値観を生み、いかにもポジティブな物語となって浸透していく。つまり、心象世界と現実世界との乖離の激しさをどう自覚し、いかに埋めていくのか、それが今、問われているのである。すでに無形の民俗文化財としてのまつりの存続は、民のみでなく官・学も含め地域総体として考えるべきものとなっている。そうしたとき、まつりの規模や性格にもよるが、保存会の法人化は今の時代を生き抜いていく方策の1つとして十分選択に値する。

9 章

因幡の菖蒲綱引きの休止と現状
——文化財保護行政にできることとは

（原島 知子）

　国指定重要無形民俗文化財「因幡の菖蒲綱引き」の実施箇所の１つ、鳥取県岩美郡岩美町大羽尾では、いわゆる少子高齢化により担い手となる年齢層が減る中、継続のために様々な工夫をしてきたが、綱引きの主役となる子どもが地区内に全くいなくなったことから、2012（平成24）年を最後に休止している。地区の子どものための行事という意識が強いことから休止に至っており、こうした経緯等の記録をすることと、文化財の休止という一大事に文化財保護行政の果たせる役割について考えることが本章の目的である。

休止の知らせを振り返って　私は、鳥取県の文化財保護行政を担う課において、民俗文化財の専門職として、2006（平成18）年度から2019（令和元）年度にかけて、県内の民俗文化財の保護、普及、調査研究に携わってきた。採用から７年目の2012（平成24）年５月、国の重要無形民俗文化財に指定されている「因幡の菖蒲綱引き」の実施箇所の１つ、岩美郡岩美町大羽尾の大羽尾菖蒲綱保存会から、町の教育委員会を通じて、担い手となる子どもがいなくなるので、今年を最後にもう実施できなくなるかもしれないという連絡があった。当時、鳥取県内の国指定重要無形民俗文化財は、「因幡の菖蒲綱引き」以外に、2007（平成19）年指定の「酒津のトンドウ」、2009（平成21）年指定の「三朝のジンショ」の３件だったが、

中止の恐れがあるというのは初めてのことだった。

　私は、町の教育委員会から経緯や状況を聞くとともに、最後になるかもしれないという行事の調査に赴いた。行事をみながら、やめることが既定事項のような状況と思いつつも、私にはまだ半信半疑であった。そして、その年の秋には改めて地区の方と今後の方向性について話す機会を設けさせてもらった。しかし、関係者の思いは覆ることはなく、そのまま現在まで休止の状況が続いている。話を聞いた時にはもう方向性が決まっていたような状況の中で、本当はもっとできることがあったのではないか、という思いを少なからず持ち続けてきた。

　今、全国各地で人口が減り、伝統的なまつりへの思いが途切れ、まつりの存続ができないという事例が増えつつあり、限界集落に象徴される地域の弱体化論と絡めて問題視されるようになっている。しかし、まつりそのものの衰退や変化は、これまでの歴史の中で幾度もあったことであろうし、そうした時に何を選択して残してきたのか、あるいはやめてきたのか、それ自体も大事な人々の営みであると思う。これから、この大羽尾で行われてきた菖蒲綱引き（以下、大羽尾の菖蒲綱引き）の休止に至る経緯と現在の様子をまとめ、彼らがどのような気持ちでそのような結果となったのか、何を大事にしているか、重視したことは何かをまずは記録に留め、そのうえでまつりの継続のために何かできたとすれば何をすることができたか、私なりに考えてみたい。

大羽尾地区について　大羽尾の菖蒲綱引きが行われる大羽尾地区は、鳥取県と兵庫県との県境にほど近い、岩美郡岩美町の海辺に面した地区である（図9–1、図9–2）。国指定名勝および天然記念物の「浦富海岸」に含まれるエリアで、海食地形と砂浜海岸が交互

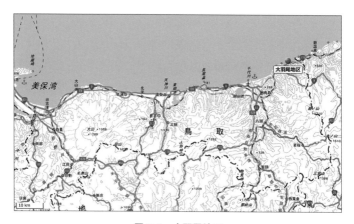

図 9-1　大羽尾地区
（国土地理院ウェブサイトの国土地理院地図をもとに作成）

図 9-2　大羽尾地区
（国土地理院ウェブサイトより引用）

する、変化に富んだ海岸美が形成されている。地区の北側には北東方向に日本海に突き出す羽尾鼻があり、西と南には山が迫るため、北東に開けた海岸に面して集落が展開している。

1879（明治 12）年には 65 世帯、351 人であったが（『鳥取県の地名』）、2021（令和 3）年現在、50 世帯、124 人で、60 歳以上が全体の約 7 割を占める（大

羽尾地区自治会長より聞き取り）。耕地が少なく、漁業を主体とした地区で、1945（昭和20）年生まれの方にうかがったところ、中学校を卒業すると多くは漁師になって、近くの田後港（岩美町）や賀露港（鳥取市）、香住港（兵庫県）に行って、底引き網漁に従事したという。その後60歳になると船から降り、地元の小さな船に乗って、沖でワカメやサザエなどをとっていたという。以前は地元で競りも行われていたが、20年ほど前の漁業組合の統合によって（鳥取県漁業協同組合、2003年設立）、水揚げする港も統合され、賀露港や網代港（岩美町）に持っていくようになった。こうした流れとともに漁業関係者が減り、2021年現在船に乗る人はわずか2人となったという。

　地区の中ほどには大羽尾神社があり、4月第3土曜日（以前は4月16日）の例祭、6月5日を過ぎた土曜日（以前は旧5月5日）の灘祭、11月寅の日の寅祭が行われ、三大祭と称されている。例祭には、鳥取県東部から兵庫県北東部に広く分布する麒麟獅子舞が奉納されている。灘祭は漁師の祭りとして行われる。また、地区の北側に天台宗の勧学寺がある。

菖蒲綱引き について　「因幡の菖蒲綱引き」は、大羽尾菖蒲綱保存会のほか、鳥取市気高町宝木の宝木菖蒲綱保存会、同奥沢見水尻の水尻菖蒲綱保存会、同市青谷町青谷の青谷連合菖蒲綱保存会（駅前、赤尾谷、東町、中町、本町、浜町、灘町、前町、西町の9か所で実施）を保護団体として、1987（昭和62）年に指定されたもので、「古老によると江戸時代末期までに遡ることができ、五月節供に実施されてきたところに共通点があり、子ども集団が中心となって展開される点に特色がある」「伝承地によって、細部に相違があるものの、軒下に挿したり、屋根にあげたショウブなどで作った綱で引き合う点に特色があり、年占的要素に加えて、豊饒祈願ないし、災厄除けの

意識が明確である。また、日本海岸に濃密な分布を示した五月節供の綱引き行事の典型的なものである」と評価されている（文化庁『国指定文化財等データベース』）。大羽尾の菖蒲綱引きは、村の子が健康にという思いを込め、五月節供の綱引きとして、月遅れの6月5日に近い日曜日に行われてきた。午前中に綱あみを行い、午後から綱引きを行う。以下、最後に行われた2012（平成24）年6月10日（日）を主に、1985（昭和60）年の調査報告（安富・小林 1985）で以前の様子を補いながら紹介する。

綱　あ　み　午前9時から大羽尾神社の境内にて、カヤ（茅）、ヨモギ（蓬）、ショウブ（菖蒲）を撚り合わせて、太さが直径15cm、長さが16〜17m程度の綱を作る。大羽尾菖蒲綱保存会の有志が制作するが、2012（平成24）年は若い人や女性にも参加してもらい、20人程度で作った。1985（昭和60）年の報告では子どもたちの手によって行われたとあるが、全く姿がみられなかった。

　材料は、6月5日に各家の玄関に飾りつけられたショウブなどを、前日に集めて用いる。近年は飾りつけるところも減ってきたので、足りない部分は保存会が調達する。特にショウブは手に入らないので、2011（平成23）年までは、岩美町と大羽尾地区が羽尾老人クラブ寿楽会大羽尾支部に助成金を出して、地区の山手の湿地に栽培・管理してもらっていた。しかし、中心となって栽培していた方が亡くなられたこと、また大雨でショウブの株自体が流されてしまい採

写真 9-1　慰労の飲食（2012年）

取が困難となったことから、2012（平成24）年はその上流部に個人
で栽培されていたものを分けてもらった。

　綱の制作には例年2時間程度かかるが、2012年は休憩なしで行っ
たので、1時間ほどで出来上がった。出来上がった綱は、大羽尾神
社境内の参道に運んで二つ折りにして置いておく。制作後、東漁村
センター前で慰労の飲食が行われる（写真9-1）。

| 綱引き |

午後1時から海岸において綱引きを始めるが、それ
に先立ち、子どもたちを2組に分ける。集まった子
どもたちを年齢の小さい順に2列に並ばせ、松葉を使ってくじ引き
をする。2人で松葉を引っ張り、松かさのついた方を「お宮さん（大
羽尾神社）」、つかない方を「お寺（勧学寺）」とする。花札の絵柄でお
宮さんは傘がついているからついた方、お寺は坊主だからつかない
方と説明される。また、くじ引きが終わった子から頭にショウブを
巻く。

　組分けが終わると、「お寺」が先になって綱を持ち、続いて「お宮
さん」が持つ。全員が持つと、海岸に向けて出発する。他の地区の
菖蒲綱引きでは地区を回って門付けを行うが、大羽尾では家々を回
ることなく、まっすぐ海岸に向かい、所定の場所に綱を置く。

　なお、海岸には前日の灘祭に使用した竹が立てられているが、当
日の綱引きとは全く関係ない。賑やかしのため、例年灘祭の日程を
綱引きの直前に設定し、片づけずに立てたままにしておいたという
（写真9-2）。

　綱引きは、子どもたちによって行われる。子どもたちは靴を脱ぎ、
保存会長の合図で3回綱を引く。綱の中央には赤い御幣を挿してお
く。2012（平成24）年の場合、1回目はお寺、2回目はお宮さん、3
回目はお寺が勝った。1985（昭和60）年の報告によると、お宮さん

写真 9-2　綱を海岸に運ぶ（2012 年）

写真 9-3　綱引き（2012 年）

が勝つと「縁起がよい」とあるが、あくまでも子どもの健やかな成長を願う行事であり、特に勝負に拘るものではないという（写真9-3）。綱引きが終わると、綱を輪にして土俵を作る。お寺、お宮さんと分かれて、同じくらいの体格の子どもたちが相撲をとる。勝負はそれぞれ2番くらい行われ、子どもたちは熱中して行っていた。

綱　あげ

午後2時頃、相撲が終わると、綱を2つに切り、それぞれ大羽尾神社と勧学寺に持っていく。綱を切る場所は勝負がついた箇所で、綱引き後に印をつけておく。

綱の運び手は、綱引きと同様、お寺とお宮さんのそれぞれのグループで、地区内を回ることはせず、まっすぐ目的地に向かう。お宮さんのグループは、大羽尾神社の参道脇の大きなイチョウの木に綱をかける。お寺のグループは、勧学寺の本堂脇の桜の切り株にかける。かけた綱は、その後朽ちるまでそのまま置いておく。

かつては、綱引きの後、すぐに綱を切り、お宮さんとお寺に運んで行ってかけた。そして、その後に相撲をとり、砂まみれになった体を海に入って洗った。この時期はまだ海には入ってはいけないといわれていたが、この時ばかりは公認で、子どもたちは喜んで入ったという。

担い手層の拡大と限界

ではこの綱引きがどのような経緯により中止に至ったのか。中止の判断は、決して一足飛びになされたわけではなく、地域において様々な工夫がなされた末に行われたことを、時系列順に確認していきたい。

菖蒲綱引きは、子どもが中心となるまつりである。中でも小学生の男の子が主役となる。子どもたちは、綱引きをするだけではなく、綱の材料となるショウブ等を各家から集め、綱を作ることも行っていた。なお、1985（昭和60）年の報告では、中学1年生か2年生の14歳頃の子どもが「大将」となってほかの子どもたちに指示をだし、前年大将をした子どもが「前見」と呼ばれる監督役、翌年大将になる子どもが「後見」と呼ばれたとあるが、これは地蔵盆のことで、菖蒲綱引きの際には特別な役職はなかったという。

1985年の報告によると、7歳から15歳頃の子どもたちが構成メ

ンバーとあり、小学生だけでなく中学生も参加していることがわかる。そして昭和の終わり頃には、男の子の数が少なくなったことから、男の子だけだったまつりに女の子も入れるようになった。これは、男の子のまつりとしてあった菖蒲綱引きの根幹を揺るがす大きな変化だった。地区内では、どうして女の子にさせるのか、女の子にさせるくらいならやめた方がいいという声があがるくらい、男の子のまつりとしての意識が強かった。それに歯止めをかけた理由の1つは1987（昭和62）年の国重要無形民俗文化財指定で、せっかく国の文化財になったのだから、続けなくてはならないという気持ちが強く働き、反対する方を説得して回って、何とか続けることになったという。さらには小・中学生だけだったのが、幼児も入れるようになった。

　このように、文化財指定を背景とした継続への強い気持ちにより、地区内における担い手層の拡大を行ってきたが、それでもなお子どもが少ないことから、大羽尾を含む8地域（学区）の子どもたちが通う岩美北小学校に募集をかけて何とか人数を揃えるようになった。

地域外への
助力願い 岩美北小学校を通じた学区からの参加者の募集は、2002（平成14）年頃から始まった。2012（平成24）年の募集チラシ（写真9-4）をみると、「伝統ある行事へのご参加をお願いたします！」という依頼文から始まり、募集参加人数は40人程度、午後12時半に大羽尾神社に集合し、午後1時から浜にて綱引き、相撲を行うという内容で、あわせて午前9時から綱あみを行うので保護者にも来てほしいこと、参加賞を用意していることが書かれていた。

　綱引きに必要な人数として40人があげられていたが、以前のチラシでは15〜20人とするものもあり、この間に大羽尾の子どもの

大羽尾菖蒲綱引き

（重要無形民俗文化財）

伝統ある行事へのご参加をお願いいたします！

◆　募集参加人数：４０名程度　（大羽尾の子供は除く）

◆　日　　　時：６月１０日（日）少雨決行
　　※午前９時より大羽尾神社境内にて保存会と有志で綱を編みます。
　　　参加される子供たちの保護者の方で、綱あみに参加してみたい方の
　　　ご協力をお待ちしております。

　　※午後１２時３０分　大羽尾神社境内に集合（子供）

　　※午後１時より行事開始　　浜にて綱引き、相撲を行います。（子供）

　　<u>参加賞を用意していますので、是非ご参加ください。</u>

　　　　　　　　　　　　　　　　　　　　主催：大羽尾菖蒲綱保存会

■大羽尾の菖蒲綱引き（6月上旬）
国の重要無形民俗文化財に指定されている因
幡の菖蒲綱引きの一つ。五月の節句には菖蒲を
軒にかけたり風呂に入れたりして魔除けをす
る。その菖蒲やカヤ、ヨモギなどで太い引き綱
を作り、元気よく勝負を争う。六月五日後の最
初の日曜日に行われる。

写真 9-4　大羽尾菖蒲綱引き募集チラシ

数がさらに減っていっているのがわかる。また、始めた当初は外部
から集まったものの、次第に十分な人数が揃わなくなったという。
その理由としては、こうしたまつりに参加するような外向的な子ど
もは、ほかにもスポーツクラブ等に入っている場合が多く、練習や
試合と重なってしまうため、参加ができないということだった。ま
た、自身の住む地域外の伝統的なまつりにわざわざ出かけていくこ
とに対して、保護者の理解が得られないという理由もあったという。

| 大羽尾地区の 男子がゼロに |

2012（平成24）年には、対象年齢に合致する男の子が1人だけとなり、しかも卒業の年を迎えることとなった。彼以外は小学3年生の女子1人のみで、ほかに未就学児も含め子どもが全くいない状況にまでなった。募集をかけて地区外から来てもらってはいるものの、肝心の地元の子がいないことに対して、地元の意気があがらない状況となる。地元の子がいるからこそ、しんどい思いをして頑張っているが、1人のためにするのも……という意見がでてきて、この年限りとする流れとなってきた。決してやめたいわけではないが、主役がいないので、したくてもできない、という思いが強い。

この年は最後となるという見通しのもと、例年通り募集を行うとともに、地元のケーブルテレビにも来てもらい、綱の作り方からまつりの一切を映像として記録してもらった。

| 休止への話し合い |

その年の10月には、鳥取県、岩美町、地区との意見交換の場が設けられた。鳥取県からは、国指定重要無形民俗文化財「因幡の菖蒲綱引き」は大羽尾地区のほか3か所のみで伝承される非常に重要なものであること、まだ1人小学生がいるのならば、卒業までは行ってもよいのではないかという継続の希望がだされた。岩美町も同様に、人集めには協力するので、ぜひ継続してほしいという意見であった。それに対して大羽尾地区は、子どもの健やかな成長と健康を願って昔から行っているものであり、地元の子どもがいないのでは実施しても意味がないのではないか、将来を見据えながら当面休止した方がよいのではないか、という意見であった。結局話し合いはまとまらなかったが、県や町の意見をもとに地区内で再度検討してもらうこととなった。

翌月の11月には、大羽尾地区の役員の間で、県や町の意見を踏

　まえ、①県・町の方針通り継続する、②部落の方針通り当面休止する（5年程度）、③とりあえず子どもが卒業するまでは継続する、④もうやめる、⑤その他、の5案を定め、総会で諮ることとなった。

　そして、12月に開催された総会において、上記の5案について検討を行った結果、全会一致で②の当面休止に決定となった。町、県にその報告があったのは翌2013（平成25）年1月半ばで、次いで県より国にも報告を行い、状況を見守っていくこととなった。

　今回の執筆にあたって改めて当時の状況を聞いてみたところ、子ども、特に男の子が地元にいないため、綱引きができないのは誰もが納得することだったので、全会一致で休止となったという。ここで「当面」としたのは、文化財指定の存在が大きく、簡単にやめることができないので休止としたという。

休止後の状況　2016（平成28）年、国指定文化財の現状確認の一環として、大羽尾地区自治会長に経過を聞いたところ、菖蒲綱引きの担い手となる年齢層の子どもがいない状況に変化はないこと、休止したことに対して例えば総会などで復活させないかといった反応もないとうかがった。ただ、0歳の男の子が生まれたので、その子が大きくなる頃に期待できるのではないかと考えられていた。

　2021（令和3）年、今回の執筆に伴い再び大羽尾地区自治会長に状況を確認したところ、やはり担い手となる子どもの状況には変化がなく、復活の声も特にないとのことだった。ただし、もう少しで小学生になる子もいるとのことだったので、その子のために綱引きを復活できるかと尋ねたところ、綱引きには人数が必要であり、小学校等にお願いしても人を集めるのはなかなか難しいという認識であった。改めて大羽尾地区にとって復活に必要な人数を尋ねてみた

ところ、1人ではなく、綱引きを行うに足る20人くらいはいてほしいといわれ、男の子が1人でもいれば綱引きの復活に気持ちが向くのではないかという私の考えは、非常に楽観的なものであったことがわかった。正直にいえば残念に思ったが、男の子の十分な数を重視する考え方は、昭和の終わりの女の子を入れるかどうかの議論でも重要視されてきたことで、地区の考え方は終始変わっておらず、最も大事と考える部分がどこなのか、今回の執筆にあたってようやく理解できたと思えた。

他地区における
継続事例

伝統的なまつりが一度休止すると再開するのは難しいとよくいわれる。大羽尾の菖蒲綱引きも現時点では再開の可能性はきわめて低いといわざるをえない。では、仮に休止の決定よりもっと早く相談を受けていたとしたら、継続に向けて何かできることがあったのだろうか。

　まつりの継続を困難にする問題を少しでも解消するために、従来のやり方を現代のあり方に合わせて変えながら実施しているところは多い。大羽尾でもみられたような担い手不足については、①曜日の変更、行事の簡素化などによって担い手の負担を減らし参加しやすくする、②担い手が限られた年齢構成・性別の場合、対象年齢の拡大、女性（あるいは男性）でもよいとする対象要件の緩和、③地区と何らかの関係性（血縁、同じ校区などの地縁）を持つ地区外の居住者を呼び込む、というやり方を取り入れながら、継続している地域が比較的よくみられる。

　例えば、鳥取市佐治町古市の口佐治神社では、毎年春に獅子舞が奉納されるが、その際子どもが獅子と対となる神主とささらを務めることとなっている。しかし、対象年齢の子どもがいない場合が近年でてきており、子どもに代わって経験者の大人が代役を務めたと

いう。年齢の要件を上方まで含めることにより対応した例である。

　鳥取市 用 瀬町江波に伝わる「江波の三番叟」の舞い手4人は、も
ともと地区の長男が務めることとなっていたが、人数が揃わなく
なったため、地区の子どもであればよいという条件とした。その後、
さらに子どもが減り、ついにはいなくなってしまったが、血縁をた
どり、地域外に居住する江波出身者の子どもに舞い手を務めてもら
うことで維持を図っている。地区外者を入れることで対応した例だ
が、この舞は長い練習期間を必要とするため、習うために通うのも
大きな負担となり、なり手をみつけるのが大変だという。

大羽尾地区の状況

では、大羽尾地区では、これらの事例をあて
はめることができるだろうか。まずいえるのは、
すでにこうした工夫を行っていたということである。参加しやすく
なるための工夫として、1985（昭和60）年の報告当時からすでに、
曜日を日曜日に変更している。また、対象要件の緩和についても、
未就学児、女の子も含めることに変更している。さらに、地区内の
子どもの不足について、小学校に依頼して学区から参加者を募集す
るなど、地区外の居住者を呼んできている。地元で知恵を絞って取
り組めることはかなりしてきたことがわかる。

　上記の内容以外に提案できる手法としては、地区外の血縁者を呼
んでくる、あるいは年齢上限をあげて、大人を主体としたまつりと
する、というやり方が考えられる。しかし、そこで気をつけなけれ
ばならないのは、大羽尾地区が重視するこの綱引きを行う意味であ
る。この綱引きは「村の子（さらにいえば男の子）が健康にという思
い」から行ってきたものであり、村の子がいるならば、何とか子ど
もを集めてでも行うが、いないのであれば、無理をして行う必要が
ない。こうした状況を考えると、仮に相談を受けても、やはり継続

に向けた有効な手立てを講ずることは恐らくできなかったように思う。

記録の有用性　しかし、文化財保護行政は何もできないのかというと、そうではないように思う。まず何といっても、文化財指定されたこと自体が、地区における継続への努力の後押しになっていた。文化財指定がなければ、女の子を入れるかどうかの段階でやめていたかもしれないという。そしてさらにいうならば、民俗文化財は生活の推移を理解するのに欠かせないものである。生活の推移により実施する意味がなくなったのであれば、その経緯を記録して留めることも文化財保護行政の大事な役割ではないだろうか。大羽尾の例であれば、綱引きの次第、中止の経緯も含めた変遷の歴史や行事に対する思いなどを総合的かつ詳細に記録していくことで、後世により詳しい歴史を残すことができる。

　また、地区に子どもがいないから行わないということは、地区に子どもが増えればまた行う余地があるということでもある。八頭郡若桜町落折では、子どもの誕生祝いとして、地区に子どもが生まれた時のみ行う「弓打ち」がある。久しく行われていなかったが、2009（平成21）年に復活した。関わる人数が少なく、地区をあげてのまつりではないため、同じようには扱えないが、実施したいと考えた時に再開できるような詳しいやり方の記録もあるとよい。こうした記録作成を、地区だけ、または行政だけが単独で行うのではなく、しっかりと予算を組んで補助事業などを活用しながら、専門家なども交えて一緒に作り上げていくのも、次代に伝えるための望ましい方法ではないかと思う。

文化財保護行政のできること　何のため、誰のためにまつりを行うのか。大羽尾地区にとって菖蒲綱引きは、あくまで地区に

住む子どもの健やかな成長を願うことであり、地区に子どもがいないのに行う意味はなかった。つまり、中止の決断に至ったのはとても明快な理由であった。まつりの継続に向けた助言も必要なことではあるが、それが叶わない場合、こうした中止についても、その経緯を含めてきちんと記録していくこともまた、文化財保護行政の大事な役割だと考える。

　また、もう一歩進めて考えるならば、もしも地区に子どもがいるようになった場合など、やりたいと思う地区の願いがあれば、それをバックアップすることも考えられる。実際に企画を立てるのか、志のある人と人とを結ぶのか、行政が何もかもやればいいとならない程度に、スタートダッシュの後押しになれるようにできるのではないかと思う。

　ただし、ここで一歩踏み込むべきなのかについては、文化財保護行政の枠組みを逸脱する、民俗に積極的に関与してしまっては中立ではないのではという迷いもある。ただ、文化財保護行政は研究が主目的ではないとも思う。地域の意思が前提だが、例えばまつりを再び行うことが地域の元気に繋がるのであれば、一緒に取り組むのもいいのではないか。注意すべきは、そうしたねらいを持って行った経緯や理由、経過をきちんと記録するべきであるし、一旦火をつけるだけつけて梯子を外してしまうような中途半端な手の出し方も避けるべきである。最終的な落としどころを見据え、ある程度繋がりを持ち続ける強い覚悟も必要である。

　自己満足に過ぎないのかもしれないが、地域の、子どものためのまつりならば、子どもがいるうちは行事を行い、いい思い出を持って大きくなることで、地域に愛着を持って羽ばたいていってほしいと思う。それが叶わないならば、せめて行事のあったことをきちん

と伝えていってほしい。そのために文化財保護行政が果たせる役割は、決して小さくないと思う。

謝　辞

　今回の執筆にあたり、大羽尾菖蒲綱保存会（大羽尾地区自治会）の浜口隆一氏（顧問）、浜口丈夫氏（自治会長）、奥谷義夫氏（役員、以下同）、奥谷忠昭氏、山本重美氏、浜垣一仁氏にご協力いただきました。この場を借りてお礼申し上げます。

●参考文献

鳥取県神社誌編纂委員会 2012「大羽尾神社」『新修鳥取県神社誌　因伯のみやしろ』鳥取県神社庁

平凡社地方資料センター編 1992「大羽尾村」『日本歴史地名大系　第32巻　鳥取県の地名』平凡社

安富伸子・小林龍雄 1985「端午の節供行事について（大羽尾の場合）」『鳥取民俗』9号

文化庁「因幡の菖蒲綱引き」『国指定文化財等データベース』
　https://kunishitei.bunka.go.jp/heritage/detail/302/113

コラム8　資金調達だけでないクラウドファンディング

（福持　昌之）

　まつりの実施には経費がかかる。しかし、多くの場合、観覧は無料であるため、観客が増えても資金繰りが改善するとは限らない。また、行事の担い手不足も財政基盤の弱体化に繋がっており、少子高齢化が進む現在、どこも存続の危機に拍車がかかっている。

　我が国の文化財行政では、修理補助が無形の民俗文化財への資金援助の中心であり、毎年の執行経費への補助は原則として行っていない。執行補助の考え方を有形の文化財にあてはめると、文化財所有者に毎年給付金があるようなもので、とても一般の理解を得られるものではない。また、もし執行補助が必須となれば、行政の予算いかんで民俗文化財の執行が左右されるという事態に陥り、それでは「民俗」文化財とはいえない状況に陥るだろう。少なくとも我が国では、文化財の所有者が保存・継承の義務を負う「主体」であって、行政はそれを支援する「客体」である。

　しかし、そのいっぽうで、主に観光資源の観点から執行補助が行われている例もある。京都の場合、葵祭、祇園祭、五山送り火、時代祭のいわゆる四大行事には、府と市の執行補助が行われている。

　2017（平成29）年、祇園祭山鉾連合会は、「訪れた人が安心して楽しめる京都祇園祭の山鉾行事を執り行うこと」を目的としてクラウドファンディング（以下、CF）を実施した。翌年は「祭ででる大量のごみの分別とごみ減量目指して活動しているごみゼロ大作戦へのご支援」を前面にした取り組みをした。以降、継続して実施しており、幸いにも毎年、目標額を達成している。

　これら祇園祭のCFは、山鉾行事そのものの支援ではなく観客対応、つまり増大する警備費やごみ対策費への支援を呼びかけたものである。2001（平成13）年の明石花火大会歩道橋事故の後、全国的にイベントの警備体制が見直され、まつりも「主催者負担」で警備が強化されてきた。観客が多いほど警備費やごみ対策費は嵩み、まつりそのものの存続を脅かしつつある。行政用語でいう受益者負担の考え方をまつりにあてはめると、受益者は観客や露天商、そして観光事業者であり、そこから資金調達をする仕組み作りも重要であろうし、受益者を含めた広く一般に支援を呼びかけるCFも、経費負担のあり方の新しい形の1つであろう。

観光と住民生活の調和という視点から、新しい行政の取り組みも始まっている。京都市産業観光局の「地域と連携した市民生活と観光の調和推進事業補助制度」は、地域の団体による観光課題の解決に関する取り組みを支援するもので、2018（平成30）年度に創設された。鞍馬火祭保存会が観覧ルートの防護柵を設置した際の補助などの実績がある。

　ところで、CFのウェブサイトを訪問するのは、いわば意義のある事業を探す投資者たちであって、まつりに関心がある人とは限らない。あるCFサポート企業の話では、投資先を決める材料として、募集告知の記載内容の充実はもちろんであるが、他人の評価が重要であるという。つまり、募集開始から短期間でいかに多くの人から賛同を集めているかが投資家の評価基準の１つになっており、それがCFの成否の鍵を握っているのである。そこで「スタート時には、関係者が一丸となって、周囲に声をかけて賛同を呼びかけるように」と助言しているという。

　そもそも、関係者が頑張って声をかけても思うように資金が集まらないからこそ、ウェブサイトを利用したCFに頼っているのではないのか。そう疑問に思うのも当然であろう。しかし、よく考えてみると、身近な人たちさえも賛同しないような事業に、縁遠い投資家が賛同するわけがないのは当然である。

　その意味でCFは、広く世界に投資を呼びかける仕組みであるいっぽうで、それに取り組む主催者も身を引き締めて、今一度、周囲の人たちに窮状を訴える機会も提供しているのである。CFは、打ち出の小槌のように、振って湧いてくるようなものではない。宝くじのように、運に任せるものでもない。自らの取り組みを足元から見直し、魅力を再発見して、それを再発信するなかで、関係者が一致団結して再活性化するムーブメントなのである。

　地域社会に欠かせないまつりにとって、関係者だけで資金を調達する時代は終わりを迎えようとしているのかもしれない。公的支援、寄付金、CFいずれにしても、資金を集めることが目的なのではなく、安定・継続したまつりの執行に向けて主催者が主体性を持って行動することが重要である。そうしたまつりこそが私たちが誇る「民俗」文化財なのではないだろうか。

10 章

指定解除の実際
——まつりと無形民俗文化財の葛藤

（小林 稔）

　文化財の指定解除というと、好奇や詮索の眼を持ってみられることが多い。有形文化財の焼失や滅失、あるいは天然記念物などにみる動植物の枯死は是認やむなしとなっても、とりわけ祭礼行事や民俗芸能といった、まつり／無形の民俗文化財においては、ゆくゆく逡巡せずにはいられない。ことによっては不毛な責任転嫁論に陥ることさえある。

　しかし、まつりも生あるものと同じである。長寿もあれば、突然の死も起こりうる。このことを理解しつつも、なお揺れ動くのは、その背後にある伝統という心象世界と文化財という公共性を意識せずにはいられないからである。ことに、営みとしての伝統行為の途絶は、人為であるがゆえに、絡みつく未練とともに様々な喪失感や失望感を惹起する。

　ならば、無形の民俗文化財に係る指定解除の実際とは、いったいどのようなものなのだろう。ここでは千葉県の例を参考に、指定解除に及んだ経緯とその背景について概観し、その実情を読み取ることで「まつりを守る」とは何かを考えていく契機としたい。

指定解除の実際

　千葉県における当該例はこれまでに 10 件ある。ただし、一言で指定解除といっても一様ではない。そこに至った理由としては、内因・外因いずれもあって、保護

表 10-1　千葉県指定の無形民俗文化財の指定解除例

指定名称	伝承地	指定年	解除年	備　　考
鬼舞	横芝光町	1952（昭和 27）年	1976（昭和 51）年	国指定に変更
根形の人形芝居	袖ケ浦市	1954（昭和 29）年	1977（昭和 52）年	後継者の不在
白間津踊り	南房総市	1955（昭和 30）年	1992（平成 4）年	国指定に変更
佐原囃子	香取市	1955（昭和 30）年	2004（平成 16）年	国指定に変更
伊能歌舞伎	成田市	1961（昭和 36）年	1980（昭和 55）年	火災消失など
武西の六座念仏の称念仏踊り	印西市	1964（昭和 39）年	2018（平成 30）年	後継者の不在
飯岡の芋念仏	旭市	1965（昭和 40）年	2006（平成 18）年	後継者の不在
富塚の神楽	白井市	1965（昭和 40）年	2008（平成 20）年	後継者の不足
三ツ堀のどろ祭	野田市	1986（昭和 61）年	2019（平成 31）年	後継者の不足
茂名の里芋祭り	館山市	2003（平成 15）年	2005（平成 17）年	国指定に変更

注）伝承地は現在の市町村名。

の枠組みが変更されたという場合もあれば、被災等の事由によって続行不可能となったとき、あるいは著しく指定内容を改変したとき、さらには社会的要因によって継承が困難となった場合などがある。

　表 10-1 のうち、鬼舞・白間津踊り・佐原囃子・茂名の里芋祭りの 4 件は、国の重要無形民俗文化財に指定替えとなったもの、いわゆる「格上げ」となったことで県指定が解除された例である。したがって、解除年は国の指定年に同じである。中でも白間津踊り・佐原囃子の指定解除は、指定内容を拡張し、まつり全体として改めて捉えなおされたもので、その名称も白間津のオオマチ（大祭）行事、佐原の山車行事となった。一方、鬼舞は地獄芝居ともいわれ、折口信夫の採訪があるなど早くから注目されていたもので、民俗文化財の指定制度創設（1975 年）直後の初回施行年次の指定物件となり、これ以降、鬼来迎と称されるようにもなっていった（生方 2000）。ここでその是非は問わないが、今となっては鬼来迎とした方が耳目に

入りやすいのも確かである。ちなみに、1950（昭和25）年の文化財保護法の制定から1975（昭和50）年の当該制度の創設以前の間、都道府県や市町村レベルでは、民俗芸能を中心とするこの種の文化財については「無形文化財」として位置づけていたところ、1975年以後は改正法に則り「無形民俗文化財」として読み換えていったという経緯がある。つまり、表10-1のほとんどは、無形文化財時代に指定されたものでもある。

　他方、残念なことだったのは伊能歌舞伎の例で、1965（昭和40）年、地域の火災によって用具・衣裳等が焼失してしまい、保存会の解散が余儀なくされたことである。ただ艱難辛苦の末、地元の熱意もあって1999（平成11）年に復活、追って2001（平成13）年、行政施策（ふるさと文化再興事業など）により失われた用具等の再整備も図られ、2002（平成14）年には市指定無形民俗文化財となるまでに持ち直した。この動向は注目すべきことである。

　そして、千葉県の場合、恣意的な内容改変による指定解除の例はまだない。残るは5件で、これが社会そのものの変容が影響して継承が困難となったケースである。

| 社会伝承の
保護と矛盾 | それでは少し、これらの実情を俯瞰してみることにしたい。まずは、飯岡の芋念仏と武西の六座念仏の |

称念仏踊りについてである。飯岡の芋念仏は大念仏とも呼ばれ、2月と11月に伊勢菜念仏、10月に芋念仏、秋の彼岸明けに鰯念仏と年4回、旧飯岡町とその周辺の8地区それぞれで奉唱されたが、前半は座して唱え、後半は念仏に合わせて踊るというものだった。また、武西の六座念仏の称念仏踊りは、東葛・印旛地方に典型的な念仏で、2月に行われる天道念仏において、輪になる踊りがあった。ほかには毎月1日の月次念仏をはじめ、正月の鉦起こし念仏、春秋

の彼岸念仏、6月の虫送り念仏、8月の棚念仏・施餓鬼念仏、12月の鉦伏せ念仏などもあって、多種にわたる（小林 1992）。

両者は、いわゆる念仏講中による諸行事であったが、いずれも新たに受け継ぐ後継者の不在とともに年々担い手の高齢化が進み、ついには存続できなくなっていった。前者は1965（昭和40）年に指定されたが、2004（平成16）年に保存会が解散、行事も絶えて翌々年に指定解除となった。指定期間は41年間に及ぶ。一方、時をほぼ同じくして後者も1964（昭和39）年に指定されたが、2008（平成20）年に休止、2013（平成25）年には保存会より千葉県に指定解除の申し出があって、畢竟は54年の指定期間をもってその任を終えた。

指定解除はもちろん、千葉県文化財保護条例に従って千葉県文化財保護審議会で諮られる。当時の議事録をみるとこうである。例えば武西の件では、事務局より「様々な努力を行ったが、後継者が育たなかった」旨の説明があったのち、審議会委員からは「映像と道具が残っていれば、復活する場合に十分に参考となる」との記録保存の有用性が指摘される中、結局のところ「関東地方のどこでも、念仏行事を支える基盤がなくなっており、やむを得ない」との結論に至ったことがわかる（千葉県ホームページ）。なお、当該物件は国の記録選択の対象でもあって、すでに映像記録等は作成済みだった。

いわずもがな、ここでの問題の所在は、この民俗事象が抱えてきた特質にある。念仏講とは、自宅葬儀をはじめ、地域の諸供養等（浄化再生）を担う社会組織の1つであり、もとより観客を伴うようなものでもない。ましてやその担い手は、そもそも高齢者を中心とする年齢集団であった。双方が立ちゆかなくなった2000（平成12）年代初めといえば、バブル崩壊後のことで、土地の再整理も含め、各地でメモリアルホールなどと冠した大小葬祭場が急増したのは記

憶に新しい。地元の決断は、担い手の減員もさることながら、そうした差し迫った世間の動向とも決して無縁ではなかったろう。つまり、これらは従前からの社会的機能を果たすまでもなくなったのである。1つの民俗事象の終焉といってよい。むしろ後継者は担保されているとする方が、時代に逆行するかのようでもある。はたして昨今、自宅葬儀のみならず自宅祝言^{しゅうげん}や自宅分娩など、ありし日の生活態の存続を、いったいどれほどの人が望むというのだろう。これを伝統の名のもとに、あるいは文化財指定という名の十字架を地元が背負い、それを行政が支援・促進するというのもおかしな話である。これは行政対応の限界というより時代錯誤というに近い。

　民俗学でいうところの社会組織というカテゴリー、もしくはそれに比重を置いた民俗事象を保護していくというのは、困難を極める。というよりも土台無理がある。社会の動きと常に連動し、社会そのものと重ね合うような事象を保護していくということは、社会それ自体を標本化するにほぼ等しい。例えば、年齢階梯や家筋、あるいは擬制的親子関係や本分家・姻戚関係しかり、それらはある時代であればこそ、機能を果たしていた知恵の塊根であった。つまり、ありとあらゆる民俗事象が文化財になりうるとは限らない。文化財になりうるのは、循環的かつ様式論的に展開されていくもので、行政的な保護行為が可能となる場合に限られるとしかいいようがない。しかも、担い手がそれを望み、相応の覚悟を持っていることが大前提である。近年のまつりでも、往々にして、こうした社会組織関連にまつわるしきたりが足かせとなって頭を悩ますことが少なくない。そこを曲げずに身を引くか、いかに工夫・整理し、歩んでいこうとするのか、そこが今、問われているのである。社会の進展は誰にも止められない。

実は、千葉県には同種の指定民俗文化財がもう1
件あり、こちらは指定解除されずに危機を乗り越
え今に至っている。坂戸の念仏 (佐倉市) がそれである。これも同じ
く、念仏講中の諸行事にほかならない。指定年は先の2件よりも遅
く 1980 (昭和 55) 年で、3者いずれも「民俗芸能 (風流芸) 念仏踊」
として位置づけられた文化財指定であった (千葉県 1990)。ちなみに
これ以降、念仏講中を対象とした指定はない。では、飯岡・武西が
社会の奔流に身を任せ、保存会の存続を断念し、解除の道を選んだ
のに対し、同系の坂戸の場合はどうだったのか。

　案の定、坂戸の念仏も例外ではなかった。やはり同様の道筋をた
どって、念仏講は 2001 (平成 13) 年より実質、休止状態に陥ってい
たのである。この 2000 年代初頭というのは、社会的にも伝承上の
1つの転換点になるのだろう。そして三々五々、さながら高齢者に
よる親睦会のようになっていたところ、一念発起したのが集会の場
でもある西福寺の住職と副住職 (御内儀) らであった。ここにキーマ
ンの存在がある。西福寺では、お十夜といって、毎年 11 月中旬に
各戸主婦の参加による法会を開いており、特に 33 年に一度は大十
夜 (写真 10-1) と称し、老若男女が集って盛大に催すことを当山宗旨
の本義としている。その大十夜というのは、開山忌法要のほかに念
仏踊りと練り行列を不可欠としており、ことに念仏踊りの休止には
苦慮したというわけである。これこそが念仏講中による使命であっ
たのはいうまでもない。そして、かくも8年の歳月を費やし、奔走
尽力の結果、2016 (平成 28) 年に大十夜の無事完遂をみたのである。
恐らくこれも、一定の方向性が見出せなければ消滅していたかと思
われる。

　この経緯については当該報告書に詳しい (千葉県 2019)。掻い摘ん

写真10-1　大十夜の再興（念仏踊り／朝顔）（2016年11月3日撮影）

でいえば、ことの発端はこうである。まず2008（平成20）年、大十
夜を見据え寺内で検討を始めるも捗らず、副住職が県担当者に相談
（2010年）すると、後日、県・市の担当者が西福寺を訪問、話し合い
の結果、大十夜の開催を目指すことで現況の活性化を図ることとし
た。そして、翌年（2011年）からは県の審議会委員らも加わって実
態調査が始まる。すでに念仏踊りの伝承者は数名だったこともあっ
て、未知の者でも習得可能な方策として「お唱え」の楽譜化に着手、
と同時に大十夜準備委員会を発足させた。その後は調査が進むとと
もに練習も軌道に乗り始め、檀家総代らも加わって、その他お練り
の用具や設えの準備も動き出す。ことに女性陣のまとめ役として、
副住職の存在は小さくなかった。

　かくして2015（平成27）年には準備委員会を実行委員会に発展解
消し、役割分担を明瞭化したうえで地域をあげての本番へと向かっ
たのである。中でも、後継者の不在や少子高齢化等による担い手不
足は他出者の協力を得るとともに、周辺地域からも参加者を募るこ

とで着地点を見出し、踊躍の習得には古老からの教示もいただいたうえで、譜面による唱和や記録映像の視聴、勉強会など、口伝に執着せず、今の時勢に合わせる形で身につけていった。一方、この間、行政側では施策（文化遺産総合活用推進事業）や民間助成の利用、さらなる研究者への呼びかけ、業者依頼、映像や文字による記録化など、民間では対応しがたい面をフォローした。付言すれば、調査事業を通じて住民が自らを振り返る契機とし、それが地域の活性化に繋がっていくことは決して珍しいことではない。その意味でも対話形式の地域調査には意義がある。

　しかし、その反面、毎月9日の月並念仏のほか、正月の閻魔様・観音様、2月の涅槃講、春秋の彼岸会、4月の開山忌、8月の盆供養などは消滅するとともに、担い手は講の構成員から地域の主婦層へと転換し、念仏踊りはお十夜時に行う練習物として朝顔・下野の2演目のみ存続しているというのが現状である。つまり、部分的ながらも次世代への継承が図られたことから指定解除までには至らず、むしろ今後の展開に誰しもが期待を寄せているのである。そして何よりもここで銘ずべきは、西福寺をはじめとする地元の方々はもちろんのこと、県・市の行政担当者、加えて審議会委員や研究者らが協働して臨んだという取り組み方であって、これこそが重要なのである。加えて注意を要するのは、無形の民俗文化財にみる可変性と、それに向き合った際の、地域の方向性をわきまえた複眼的な見識の有無、そしてそこから発出される判断の是非ということである。地域の今後とは、1人で思案したり、鶴の一声で決めたりするようなことではない。もっといえば、無形の民俗文化財を考えるということとは、地域の将来を考えるということでもある。民俗事象を考究することとは似て非なるものである。文化財保護という制度は社会制

度の１つであって、民俗学の制度ではない。守り伝えていきたいと願う人々のための制度である。

とまれその一方で、当初の指定内容に異変が生じれば、再指定や指定替え、あるいは内容変更（現状変更）の表明ということが視野に入れられて当然である。なぜなら、既報の内容が一人歩きをする恐れがあるからであり、これはやがて社会的信頼という問題にも繋がっていく。そしてもちろん、それは指定行為をする側、すなわち行政の責任において行う通常業務でもある。それを怠ることが、さらなる問題を引き起こしていく。

| 社会の変容と
需要と供給 |

千葉県において、保存会の解散による指定解除第１号となったのは、根形の人形芝居であった。これは諸事例の中でも特殊な例で、担い手の生活を大きく左右する問題を抱えるという意味では、他者と大きく立ち位置が異なる。この人形芝居は１人遣いの人形芝居で、説経師の弾き語りに乗って、人形遣いが片手指を使って巧みに操るものであり、そのあり様が茶の湯の袱紗（ふくさ）さばきに似ていることから袱紗人形とも呼ばれた。出し物は日高川入合桜や小栗判官、山椒大夫などである。ご存知の通り、人形芝居とは冒頭の伊能歌舞伎と同様、中央の文化が地方に伝播（でんぱ）し、やがて根づいていったということに文化史的意義があり、評価に値するものである。そのため、根生（お）いのまつりとは違い、そもそも外在者の手を必要とした。悲しいかな、この区別がつかない者もいる。

根形の人形芝居の発端は、明治初期に遡る。説経師と人形使いの夫婦が東京本所（ほんじょ）からこの地に転入し、興味関心のある者を募りつつ間もなく人形座を立ち上げ、盛期には旧君津・市原郡下の社寺境内や大農の広間などを借りて公演するまでになった。つまりは、農間（のうま）稼ぎとして興行を打つといったセミプロ集団のなせる技だった。し

かし、人々の娯楽への関心が移ろいゆくとともに低迷、休眠状態となっていたところ、千葉県が用具等の整備や映像記録の作成に着手すると、これを契機に再び気運も高まって、いよいよ指定に踏み切ったのは1954 (昭和29) 年のことだった。

しかしながら、映画やテレビなどメディアの浸透とともに、時代の荒波に呑み込まれ、後継者がないまま相次いで関係者も亡くなって保存会は解散、同年1977 (昭和52) 年をもって指定解除となった (袖ケ浦町1990)。「古いモノは棄てろ」的な高度経済成長期の後の、虚ろな世間の様相がうかがえる。もしもこれが今日のことであれば、答えも違ったかもしれない。指定解除にはタイミングもあるかと思う。いずれにせよ、この事例は稼ぎ (収入) と直結するという、いわゆる職能集団による技術継承の問題とも類似しており、その保護の難しさを物語っている。今ここで技術関連については立ち入らないが、これに係る懸案は、まつりの継承という以上に、地域総体としての体制整備なくして成り立たないのは間違いない。

| 社会の変容と |
| 地域の当惑 |

最後に、富塚の神楽と三ツ堀のどろ祭 (写真10-2) について俯瞰したい。富塚の神楽は、毎年11月、地元神社の祭礼時に奉納されてきたもので、北総部で典型的な十二座神楽の1つであった。十二座というのは演目のことで、当地では巫女・湯笹・猿田彦・鈿女・祇園・恵比寿・鍾馗・しんめん・翁・かじや・大蛇退治・天岩戸の12の舞いが伝えられていた。しかし、それも昭和末年頃から奉納が滞るようになり、担い手の高齢化と後継者の確保が図れないことから途絶え、2008 (平成20) 年に指定解除となった。もちろんこれは、神社祭祀そのものではなく、付帯した神楽がという意味である。指定期間は43年であった。そしてその一方で、神楽面など用具一式が市の有形民俗文化財として指定さ

写真 10-2　三ツ堀のどろ祭（1974 年 4 月 3 日撮影、野田市郷土博物館所蔵）

れている。

　片や、三ツ堀のどろ祭は、房総に顕著なオビシャの行事と浜下り
を骨格としたもので、毎年 4 月、2 日間にわたって行われた。初日
の晩は宵盛と称して旦那衆による当渡しの儀があり、翌昼には若衆
による強飯、続いて午後から飾り物（傘鉾）を伴った練り行列がある。
神社よりハマ（池）と呼ぶ聖地まで向かうが、着くと神輿担ぎの若
衆は、神輿ともども池に飛び込んで、子ども衆（男子）から土塊を投
げつけられつつ、泥まみれとなってもみあう。頃合いよく、池から
神輿を引き上げると、利根川へと入って清まわり、まつりは終了と
なった（田中 1979）。どろ祭は、このように各年齢層による役割分担
がみられ、いわゆる年齢階梯による地域をあげてのまつりであった
が、若者離れが影響し、1990（平成 2）年以降は休止状態が続き、
2019（平成 31）年に至って保存会はついに指定解除へと意を決した。

指定期間は 33 年だった。ただし、オビシャ（当渡し）自体は今も続いている。またその一方で、まつりの意義が再評価され、祭礼用具一式が県の有形民俗文化財として指定を受けた。

　両者に相通じる社会の変容として指摘すべきことは、都市近郊ならではの、いわゆるベッドタウン化ということである。高度経済成長期を後にした昭和から平成に至る中、当地では宅地化が進み、いよいよ農業生産者は給与所得者へと転換していく中で、若者は都会に就職先を求め、子どもたちは学習塾へと足を運んだ。つまり、ライフスタイルの急変によって後継者不足が導き出されたのである。過疎にみるような若年層の地域外流出というのではない。新規転入者も含め、そこに人はいた。むしろ価値観の相違ともいうべきもので、当事者たちが世代間の葛藤に苦しんだことは想像にかたくない。両者とも休止から指定解除まで 20〜30 年、およそ 1 世代にわたるほど、模索期間を要したことがそれを物語っている。この間、協議は続き、年齢幅の改定や男女別の見直し、あるいは衣裳等の新調など、様々な試みがなされてきた。

　とりわけ三ツ堀のどろ祭では、若者離れは即、まつりの運用に影響した。要となる神輿担ぎが減じれば、まつりが滞るのも当然のこと、そこで若衆に限らず、旦那衆（主人層）の中でも若いと自認する者は加担したが、体ばかりは寄る年波に勝てず、結局それも当座凌ぎでしかなかった。あるいは、子どもたちについても同様で、少子化の影響もなくはなかったが、参加がなければ致し方もない。そこで男子のみならず女子の参加も可とし、専用の半纏などを新調して募ってはみたものの、思うに及ばず。これらは、いずれも保存会と県・市担当者、県審議委員との間欠的な話し合いによるものだったが、結局、実は結ばれなかったということである。さてもこうし

た風潮を暗示するかのような記事がある。どろ祭の関係者はいう。
「参加者が激減し、祭りが地域の負担になった。私らはそうは思わ
なかったが、泥が汚いなどという人もいたようだ」と（朝日新聞デジ
タル 2019）。つまり、まつりに対する楽しみや思い入れは、すでに
世代によって異なっていた。そして何はともあれ、試行錯誤の結果、
当地では「やめる」ことを選択したのである。人心ばかりはいかん
ともしがたい。ただ、この決断は尊重されることであって、他者が
もの申すことでもない。そして、これこそが何にも増して遣り場の
ない思いに駆られるケースである。

　まつりを振り返る　まつりは、地域の社会性や生業状況を鏡のよ
うに映し出す。いうまでもなく、それぞれの
地域性や歴史性を背景に展開されてきた。例えば農家が兼業となり
給与所得者へと転じ、やがて多くの業種や多様なライフスタイルで
溢れるようになるのと同様、すでに昨今のまつりも様々に変容して
きている。しかし、そうであってもまつりに対する認識は、伝統の
名のもとに、いまだ変えがたく抜け切れないのも実際のところなの
だろう。ここでは今一度、まつりという事象を振り返ったうえで、
改めて文化財指定について考えることとしたい。
　まつりを理解するにあたり、画一性や循環性といった事象的特性
は重要なキーワードである。春夏秋冬をめぐる自然の摂理に則り、
相互扶助のもと、神ごとに添いつつ日々送るといった、連綿と続い
てきた暮らしのあり方は、まさに画一的であり循環的であった。そ
して、その画一性は共同体としての共通感覚を養い、循環性はその
継承・永続を培った。このような画一的循環性は、当該地域内で同
じことを繰り返す、同様に試行する（様式）という文脈において、い
わばそれ自体、そもそも属性としての伝統性を内包していたともい

える。とどのつまり、そこで育まれてきた価値観とは、絶えることのない社会の希求でもあった。この意味で、伝統とは永続や循環の表象として受け止められ、かけがえのない命題的な志向性のある言葉として響き渡ってくる。近年、猫も杓子も口にするサステナブルとは次元が違う。

　柳田國男は、まつりの大きなターニングポイントをおよそ江戸時代の見物人の発生、すなわち、みる×みられるまつり、みせる×みるまつりへの展開にみているが (柳田 1990)、それに見紛う現代祭礼のあり方は何も人口密集地に限ったことではない。柳田が指摘した「祭礼」の形は今やスタンダードとなって、すでに全国各地で普遍的である。しかも都市ならずとも、都市ならではの多様さや変化を模倣し、それを活力としてきた社会的特質をも飲み込もうとする勢いである。ことによっては命を削るような暴飲すらみられる。もちろん、このことは情報社会の到来と不可分の関係ではないだろう。地域を飛び越えた情報の交錯によって等質化がもたらされ、地域性が希薄化しつつある反面、逆に個性や独自性を標榜していかないと情報の波間に埋没してしまうという、イタチごっこのような社会を迎えているのである。もはや都市祭礼のみならず今日の祭礼は「都会風の」ではなく、むしろ「現代風の」と読み換えられてよい。かくして昨今、細やかな自然の移ろいで季節を感じることさえ、すでに怪しい。

　こうした時代の流れの中にあって、気概としては従前通りであってほしいと願いつつも、物理的には何らかの新たな方策、もしくは担保のとれる方策が必要とされているのであって、そのことを理解しないわけにはいかない。あるいは、地域が水耕栽培のような社会を望むのかどうか、それも選択肢の1つだろうが、私たちは今、そ

の岐路に立たされているということを認識しないわけにもいかない。つまるところ、文化財保護という施策をどう理解し、どう使いこなしていくのか、そうした眼力が求められているということである。

無形の民俗文化財の保護と行政の限界　民俗事象というのは、人々の暮らしぶりに直結している。しかも地域の環境や担い手の意識1つでいかようにもなる。それが生きているといわれる所以である。どのように継承していくのか、その鍵を握るのはいうまでもなく担い手であり、その地域社会である。しかしながら、文化財指定を受け入れると、行政や審議会をはじめとする学識経験者等との連携など、むしろ第三者の関与は必然となり、新たな仕組みをもって思索され、展開されていくことになる。それが保護していくということであり、それを標榜するために指定行為がある。しかし、往々にしてこの理解は浅い。このことは担い手をはじめ地域全体として、もっとよく咀嚼されてしかるべきである。つまり、必ずしも今まで通りではないということを改めて自覚する必要がある。社会的機能を果たし、かつ適切な存続を望むのであれば、時として以前とは異なる道を歩んでいくこともあるかもしれない。そのための納得のいく十分な話し合いが肝要なのであって、そうして得られた結論はそれぞれに尊重されるべきである。文化財保護に市販の特効薬はない。

　無形の民俗文化財を保護していくという観点からすると、実は行政ができることは限られている。行政一般として、よき相談者たること、話し合いの場を設けること、ともに考えていくことはいうまでもないが、施策としては、用具の修理・新調、調査や記録保存、伝承者の育成や民俗芸能大会等の開催など、これらに係る事業を起こしたうえでの補助金投与がその中心となる。ともに神輿を担ぐと

いうわけにもいかない。補助金投与とは、いわば医者の処方箋と同様で、投薬が過度にわたれば自然治癒力の低下を誘発する。ましてや薬物の常習など危険このうえない。ことによれば地域社会に穴が空く。つまり、法的には主体の自主性を活かし指導・支援していくとする「助長法」のあり方を趣旨としているのであって、これがすなわち行政の限界なのである。

　けだし、問題は行政が何もしないということである。もちろん審議会も同じである。あるいは、ないものもあるとする隠蔽ならばなおさら、それは糾弾されてしかるべきだろう。特に文化財の場合、国や都道府県・市町村指定にかかわらず、特別交付税に係る交付金との関係もあって看過はできないはずである。文化財指定とは保護を前提とする行政行為であり、その目的のために指定するのであって、指定がすべてでもなくゴールでもない。ここから一切が始まるということである。すなわち、文化財保護の根底にあるのは、これから先どうしていくのかという思考であり、言い換えれば、それなくして方策など講じようもない。恐らくこうしたスタンスが、ある立場の民俗研究者とは相容れない点であり、およそ批評・批判で終わってしまうのが常套で、そもそも立ち位置が違うので代案などありえない。

　さらに立ち入れば、文化財保護の背後には常に公共性という相即不離の大前提がつきまとう。つまり、これこそが保護という仕組みを捉えていくうえでの必須のキーワードだといってもよい。ひと目「みんなで守る」というフレーズは公明正大かと思しきも、実は懸念されることも少なくない。例えば指定することによって、みせる×みるという、新たな、あるいは過度な相関関係を誘引することで、加害や改変を及ぼすことも十分ありうる。これは記念物その他の文

化財でも散見されることである。ことに民俗文化財の場合、まつりが「芸能」と枠づけされればその誤解はなお強い。公共性とは、公金投入の理屈にもなる一方で、繊細な問題も多分に含んでいるのである。もちろん「不特定多数の監視者」が文化財保護の一役を担うこともあるだろうが、とりわけ無形の民俗文化財においては、ここからは立ち入れないとする、いわば地域プライバシーを確保することも十分に考慮されなくてはならない。このことは、今後とも議論の俎上に載せておくべきことかと思う。

**指定解除から
読み取れること**　以上を踏まえたうえで、これまで俯瞰してきた指定解除の諸事例から読み取れることとは何であるのか、簡単にまとめておくことにしたい。

　まず１つには、まつりをはじめとする民俗事象の中でも無形の民俗文化財として位置づけられるものと、それが難しいものとがあるということである。このことは直視すべきだろう。しかしその一方で、もちろん指定において民俗学上の分類項目を網羅する必要は全くない。にもかかわらず、ありがちなのはそれに拘泥することである。あるいはその発想である。民俗文化財の保護制度の創設は、学問明示的な意味合いもあったにせよ、第１に地域の文化的喪失が問題視されていたという時代背景があってのことであり、そもそも地域に目が向けられていた。この切り分けと学術的関与のあり方、とりわけ民俗学との関係性がいまだ曖昧なのである。改めていうが、民俗文化財といいつつも、これは民俗学の制度ではない。民俗学が有する知の地平に期待が寄せられていると解すべきことである。

　もう１つは、まつりは社会変容を背景とする可変性ある文化財だということである。つまり、有形文化財とは明らかに異なる保護の仕方を必要とするということである。今一度、伊能歌舞伎や坂戸の

念仏の例を振り返れば、伝統様式に拘りつつ、前者は休止となっても34年をかけて立て直し、後者は休止から15年を要して新たな方向へと転換した。これらは極端な例かもしれないが、単に型の継承云々ということではなく、地域アイデンティティとして機能を果たしているのであって、だからこそ存続が望まれた。ただし、今のところという付帯事項はどれもが永遠につきまとう。とりもなおさず、指定すれば変わらないとする迷信を捨て去ることが肝心なのである。

　そして、これらが与えてくれる示唆とは、無形の民俗文化財としてのまつりの指定概念は有形のそれに比して、より緩やかでなければならないということである。生きたものを貼りつけてはおけない。これは道理である。そのためには指定後の定期観測は必須で、場合によっては再調査や見直し、もしくは一度解除されたものの、いつか再び指定されるようなこともあるかもしれない。それほど、無形の民俗文化財としての、まつりに対する捉え方には柔軟性が求められてしかるべきかと思う。無形の民俗文化財には、指定制度の創設以前より、記録保存／選択制度という考え方が根本にあるが、改めてその方策も含め、これを評価しなおし、むしろその延長線上に指定行為を位置づけてもよいのかと思う。そして地域は、そうした中で得られた経験知の累積を持って、地域の将来像を描いていければ、なお幸いかと思われる。

| 明日に向かって |

伝統は不変ではない。一見、無変化のようであっても、実は変化している。もちろん、これだけは守りたい、譲りたくないとする精神論があるのは重々承知のところ、それでも社会の流れに応じて幾ばくかの変容や転換があったればこそ、これまで紡いでこられたのだということを、私たちはこれまで以上に認識すべきである。

　今日において伝統文化を継承していくということは、むしろ視界を広げ、先行きをみつめる眼を持てなければ、いずれ破綻は訪れる。頑なに流れに逆らうのが伝統ではない。つまり、現代という社会や時代とどう対峙し、いかに自律していけるか否かが、今、問われているのである。それは、許容力というよりも、取捨選択の判断力や実行性といった方がより適う。継承とは、第 1 に担い手や地域の覚悟、信念の問題なのである。暮らしそのものが伝統的であった時代とは訳が違う。社会それ自体が異なっているのは明々白々である。無形の民俗文化財の指定制度が創設されて間もなく半世紀を迎えようとしている今、当初よりも時代の流れは遥かに加速しつつある。

●参考文献

生方徹夫　2000『鬼来迎――日本唯一の地獄芝居』麗澤大学出版会

小林　稔 1992「日本の民俗芸能〈千葉県〉」『芸能』34 巻 2 号、桜楓社

袖ケ浦町史執筆委員会編 1990『袖ケ浦町史　通史編　下巻』袖ケ浦町

田中正明 1979『利根川べりの泥かけ祭り――野田・三ツ堀香取神社のオオハラクチ紀聞』崙書房

千葉県教育委員会編 1990『千葉県の文化財』千葉県文化財保護協会

千葉県無形民俗文化財連絡協議会編 2019『千葉県指定無形民俗文化財　坂戸の念仏――平成 28 年大十夜の記録』同協議会

柳田國男　1990「日本の祭」『柳田國男全集』13、筑摩書房（初出 1942 年）

朝日新聞デジタル「無形民俗文化財、返上するしか　継承者不足・変わる価値観…指定解除、首都圏でも」2019 年 5 月 17 日
https://www.asahi.com/articles/DA3S14017383.html

千葉県ホームページ「開催結果概要（平成 29 年 5 月 29 日開催分）――千葉県文化財保護審議会」
https://www.pref.chiba.lg.jp/kyouiku/bunkazai/shingikai/20170529.html

コラム 9　無形の民俗文化財の名称と商標登録

（石垣 悟）

　文化財には名称（以下、文化財名称）がある。命名するのは、いうまでもなく行政である。行政が文化の中から保護しようと切り取った対象に名づけたもの、それが文化財名称である。命名の仕方に規定はないが、行政は意図を持って命名する。例えば、国宝「姫路城」は、どこ（姫路）にある城か、誰もが判断できる。あるいは国宝「火焔型土器」といえば、火焔のような文様のある土器と予想できよう。文化財名称は、文化財の所在地や姿、特色をできるだけ端的に示す形でつけられる。その際、すでに一般化している名称を借りてくることもあれば、学術的知見も踏まえて新たに命名することもある。

　では無形の民俗文化財としてのまつりはどうであろうか。重要無形民俗文化財「早池峰神楽」（岩手県花巻市）といえば、修験の山として知られる早池峰山の麓に伝承されてきた神楽をさす。無形の民俗文化財／まつりもまた、伝承地や様相、特色をある程度イメージできる名称が付される。ただ同時にまつりには担い手が受け継いできた地元呼称もある。この地元呼称を、民俗学は「民俗語（彙）」と呼んで重視してきた。学術的にカタカナで明記される民俗語は、その様相を判別しづらい面もあるが、「三朝のジンショ」「能登のアマメハギ」のように「伝承地＋民俗語」の形で文化財名称に採用されることも多い。地元呼称は、もとは地元だけで通用したが、文化財名称となって報道されると次第に人口に膾炙していく。好例は「男鹿のナマハゲ」（秋田県男鹿市）であろう。柳田國男や折口信夫などの民俗学者、さらには岡本太郎のような芸術家の評価を礎に文化財指定されて報道された結果、地元呼称が今や誰もが知る「標準名」となっている。

　このように文化財名称は、大きな社会的影響力を持つ。そのため、文化財保護以外の場面で利用されることも多い。その１つが商標登録である。商標登録は、登録者がある名称を使用する権利を保障する制度である。この時名称は、商標として利潤を生む力を持つ。したがってそこには、特定の個人・団体が商標登録した文化財名称を営利目的で独占的に使用し、その結果、文化財保護の広報活動などに支障のでる可能性がある。これは、文化（財）は誰のものか、という命題にも通じる。冒頭述べたように、文化財は行政が保護のため

切り取った文化の一面である。小川直之も喝破したように（小川2020）、文化財は社会的共通資本といえ、その特に制度資本（宇沢2000）にあたるだろう。この文脈では、たとえ個人所有であっても社会への帰属が優先される。私的財に対する公共財、端的にいえば「みんなのもの」ともいえ、特定の個人・団体の専有ではなく、誰もが自由かつ平等にアクセスできる開かれた場が求められる。

　そうした場を実現するには、文化財を深く理解する公的団体が文化財名称を商標登録することも1つの手である。これにより文化財名称は、一部の専有を逃れる。重要無形民俗文化財「チャッキラコ」（神奈川県三浦市）は、ユネスコ無形文化遺産となったことを機に三浦市が商標登録して一部専有を防いでいる。また、重要無形民俗文化財「西馬音内の盆踊り」（秋田県雄勝郡羽後町）も、文化財名称ではないが、地元呼称の「西馬音内盆踊り」を個人が商標登録したことが問題となり、羽後町が改めて商標登録し、一般社団法人化した西馬音内盆踊り実行委員会に譲渡して問題に対処した。

　ただ注意すべきは、公的団体もまたそれを専有できないことである。「西馬音内盆踊り」では、かつて当該盆踊りと無関係の地域／団体が「西馬音内盆踊り」の名で盆踊り大会を開催しようとし、羽後町が待ったをかけたことがある。現代において、無関係な地域／団体がまつりを突然行うことは確かに問題が多い。しかしいっぽうで、まつりの関係者が専有することもまた問題がある。縦に伝承しながら横にも伝播してきたのがまつりであり、その本家争いや真偽争いは生産的でなく、不幸な結果を招くことも多い。

　ではどうすべきか。留意したいのは、商標は登録者が許せば誰でも使用できることである。つまり、公的団体が文化財の本質を理解し良心を持って適宜許可することで、常に開かれた場を実現できるのである。文化財名称にとって商標登録とは、運用次第で、特定の個人・団体の専有を防ぐとともに、自由かつ平等に開かれた場を担保できる制度といえよう。

●参考文献

宇沢弘文 2000『社会的共通資本』岩波新書

小川直之 2020「無形民俗文化財をどう継承するか」國學院大學研究開発推進機構学術資料センター編『文化財の活用とは何か』六一書房

11 章

祭り・芸能の継承への取り組み
——地域社会と行政・企業との連携

　地域社会の変貌・衰退の中で、まず問わなければならないのは、「なぜ祭り・芸能を継承する必要があるのか」ということである。ここでいう「祭り・芸能」は本書タイトルの「まつり」の意であるが、本章ではこの問いについてのパラダイムを再考するとともに、地域社会の持続に関与・連続する祭り・芸能の継承取り組みの一つとして、地域社会と行政との連携に民間企業・団体を加える新たな視座について具体例を交えて提示する。

**祭り・芸能
継承の現在**　ここでは、祭り・行事や民俗芸能の継承についてどのようなパラダイムが描けるのか、そして、具体的には各地でどのような継承実践が行われているのかを概観し、今後の取り組みとして注目できる地域社会と行政・企業との連携について実例をあげて論ずる。

　2000 年代になって顕在化してきた少子高齢化の進行は、地域社会の持続に様々な問題を引き起こしている。こうした状況が続く中で、2014（平成 26）年にでた「増田レポート」とも呼ばれる「消滅可能性都市」の発表は、深刻な現状とそれへの対応策を提示したものだった。これは日本創成会議の人口減少問題検討分科会での議論でもあり、中でも巻末の「全国市区町村別の将来推計人口」では、推定される 2040 年の若年女性人口を指標に消滅の可能性が高い自

治体が明示され衝撃的であった（増田 2014）。これ以前から、いわゆる「限界集落」という用語が提示されると、この用語とイメージだけが拡散したが、提唱者の大野晃はその対応策をだしているし（大野 2005）、山下祐介も「つくられた限界集落問題」など報道によるイメージの広がりを批判し、人口減という現状に対しての対応実態と集落再生の実例をあげている（山下 2012）。また、「増田レポート」の出版直後、小田切徳美は「地方消滅論」に対峙しながら農山村の実態を概観したうえで「地域づくり」の理念や中国地方での実例、移住促進の「田園回帰」や農山村再生の課題と展望を示している（小田切 2014）。

　本書が課題とする祭り・行事や民俗芸能の継承と無形民俗文化財の保護（保存と活用）に関する現状や展望というのは、このような日本社会が直面する現況と向き合うことを意味するが、祭り・行事や民俗芸能については、人口周密の都市においてすら当事者である町内居住者だけで斎行することが困難になり、アルバイトを雇ったりボランティアを受け入れたりしている場合がある。

　若干の具体例をあげると、宮崎県椎葉村の神楽は、「椎葉神楽」の名称で 26 集落の神楽が 1991（平成 3）年に国の重要無形民俗文化財に指定されているが、従来通り夜を徹しての夜神楽が現在も斎行できているのは半分の 13 集落である。このうちの栂尾集落は、2011（平成 23）年時点では 20 世帯 40 人の住民がいて、神楽保存会員は 23 人いたが、10 年後の現在は 15 世帯ほどで神楽保存会員は 16 人、うち栂尾居住者は 6 人で、会員の半数以上は村外の日向市や宮崎市などに転居・居住している。中には東京の居住者もいて、祭り前には長めの休暇をとって帰村して神楽を舞っている。栂尾神楽は 4 人での採物舞が多く、それだけに栂尾神社大祭時の神楽奉納の

前には周到な練習が必要となり、村外居住者も集まりやすい村外に練習場を借りて「ならし」を行っている。栂尾居住者が減り、しかも高齢者が大半という現実は神楽継承を難しくしているが、栂尾に住む神楽保存会長は「神楽がなくなればムラが衰退する」と実感を述べている（NHK宮崎放送2017年12月1日イブニングニュース・宮崎未来ラボでの発言）。同じように、同村の大河内神楽の次世代の中核的な継承者の1人である舞手（役場職員）は「神楽があるから集落に人が残り、村が生き続けている」といい、同様な意見は村内の何人もから聞ける。

　椎葉村にみるような、住民自らが、地区の祭り・行事や民俗芸能を斎行することで地域社会が持続できていると実感している例は、各地にあると思われる。それは、少子高齢化と居住者減という現実が、地区の祭り・行事や民俗芸能を祝祭の時空としてだけではなく、その斎行に従前から内包されてきた地区の人たちの互助共同、連携を有形無形の形で顕在化させ、これが強く意識され始めたためといえる。このことは、他方では道普請や茅場など共有地の利用、草葺屋根の交換作業などの共同労働や相互扶助、さらには冠婚葬祭時の共同や相互扶助がほとんど必要なくなったことも逆に作用しているとも考えられる。

　都市社会では農山漁村のような実生活上の共同労働や相互扶助は考えがたいので、地域社会としての紐帯形成には祭り・行事や民俗芸能が重要な役割を果たしてきたと思われる。例えば日本の都市祭礼の代表的な存在である京都の祇園祭では、山鉾をだす町内に、すでに昭和40年代には昇き手・曳き手が足りず学生などのアルバイトやボランティアを加えている町がいくつもある。山鉾町のこうした様相や町内居住戸の流動状況、祭礼当事者の概容などは、当時の

実態調査である 1974（昭和 49）年の米山俊直『祇園祭』でわかる。米山は「町々の自治組織といっても、今日の山鉾町は、みてきたように千差万別である。ことにビル化と企業の会社化の進行している町々と、それほど大きい景観の変化を経験していないところとでは、おなじように山鉾が建ち、巡行に加わっていても、ずいぶん性格がちがうものになっている」のであり、「一元的、単焦点的な形で、氏神―氏子が関わっている」のではなく、参加する山鉾町の「相対的自律性」が重視されると指摘する。

　同書からは京都の祇園祭でも祭り・行事や民俗芸能の時空が祝祭であると同時に、人々の互助共同や連携を実感する時空にもなりつつあることがうかがえるが、ここでも祭りの持続、継承には従来の態勢や方式だけでなく、アルバイト・ボランティアという外部者を斎行集団に加えるという変化変容があるし、先にあげた栂尾神楽の「ならし」も持続のための変化の一例といえ、同様なことは西都市（さいと）の尾八重（おはえ）神楽にもみられる。

　こうした変化変容は枚挙に暇なく、椎葉神楽では中学生までは男女とも多くが神楽を舞っているが、それ以上になると女子はいわゆる女人禁制の舞処（まいど）（御神屋（みこうや））には自由に入れなくなる。椎葉村は村内に高等学校がなく、高校進学にはすべて村外に出ての寄宿舎生活となり、これと同時に女子は神楽を舞わなくなるのである。女人禁制については、鈴木正崇がその歴史と現状を詳述しており（鈴木2021）、こうした研究成果を背景にしながら時間をかけて方向づけをする必要がある。鈴木もいうように、その決定は当事者が行うべきで、安易な批判は行うべきではないと考える。いずれにしても、こうした「しきたり」がいまだある中で、各集落の神楽保存会の連合体である椎葉神楽保存連合会の尾前秀久会長は、後継者不足とい

う現状を考えると将来的には舞手や楽（囃子）に女性の参加が必要になると訴えている。

　また、宮崎県内の神楽では、神楽奉納を行う宿は、かつては集落の家々が輪番で務めていた。この宿を「神楽宿」といい、現在は高千穂の夜神楽でわずかにあるだけで、大半が神社や地区の集会所、公民館などが会場となっている。住宅の建替などの諸事情で宿の提供が困難になっての変化である。以上のような「ならし」の場の設定や女人禁制の検討、神楽宿の変化などは、すべてが継承と持続を前提とした折り合いのつけ方でもある。祭り・行事や民俗芸能の変化変容論はいくつもあるが、変化や変容は何を目的にしているのかが重要で、その要因、目的を捉えていない論議は意味がないともいえる。なお、無形の民俗文化財である祭り・行事や民俗芸能は、近代以降だけでも明治維新期の神仏分離と宗教政策、アジア・太平洋戦争、戦後の高度経済成長などに対応しながら継承されてきた。これらのことを考えれば、その全体が全く同じ態勢や方式で何百年も続いてきたとは考えられない。現状は歴史過程で様々に変化変容した結果であることが前提となる。こうした祭り・行事などと地域社会のかかわりについては民俗学だけではなく、社会学などでも論点は異なるが、具体的に論じられている（牧野 2021）。

祭り・芸能の継承を考える論点は何か　文化財保護法がいう無形の民俗文化財である祭り・行事や民俗芸能にとって、継承をめぐる社会状況が移り変わる中での様々な変化変容は宿命ともいえる。たとえそれが重要無形民俗文化財に指定されていても、指定時の態勢や方式を将来的にそのまま守り斎行することは容易ではない。このことから何を保存するかの議論が必要となる。長く国の文化財保護行政に携わってきた大島暁雄は、「型の伝承」の保護をいって

いる（大島 2006）。これについては別途検討しなければならないが、
祭り・行事や民俗芸能を将来に継承するにあたって筆者が考えてい
る論点をあげると、何を保存するかのほかにも、

① 　祭り・行事や民俗芸能を継承する意義は何か

② 　継承の社会基盤・組織をどのように再編するのか

③ 　継承のコストを誰が負担するのか

④ 　祭り・行事や民俗芸能の変化変容をどのように考えるのか

⑤ 　継承に向けた方策決定は誰が行うのか

という 5 点がある。

　ここではこれらの要点のみを記しておくと、①は、現在において
「文化財」だからとか、「学術的に重要だから」といった言説、論理
がその主体者にとってどれだけのリアリティーを持つのだろうかと
いう問いでもある。文化財保護法上の「民俗文化財」は、指定や登
録、選択の有無に関わりなく、法の第 2 条が規定するように「我が
国民の生活の推移の理解のため欠くことのできないもの」すべてが
該当するが、指定などの法律上の措置がない限り、公的な補助や支
援は受けられないのが現実である。また、継続の危機を迎えた民俗
文化全般に、学術上の重要度がどれほど継承への影響力を持つかは、
残念ながら疑わしいのが現状であろう。

　主体者にとってのリアリティーとは、なぜ祭り・行事や民俗芸能
を継承する必要があるのかを、文化財や学術とは異なる次元で、あ
るいはこれらを超える論理で、意味を問い直すことであり、今その
時を迎えているのではなかろうか。それは継承のための新たなパラ
ダイムであり、これには、例えば文化継承の歴史の中で形成された
「地域個性」の尊重とか、未来世代の権利として、現在世代が得て
いる祭り・行事や民俗芸能からの感動はこれから生まれてくる未来

世代にも享受する権利があるという世代間倫理などが考えられる。「地域個性」とは、それぞれの地域社会が持っている文化的な特質とでもいえることで、柳田國男がいう「箇々の郷土が如何にして今日有るを致したか、又如何なる拘束と進路とを持ち如何なる条件の上に存立しているのか」（柳田 1913）を明らかにする郷土研究や民俗学の目的に繋がることでもある。未来世代の権利は、環境問題や教育思想、倫理学などの分野で議論されているが、いっぽうでは、未来世代は現在には存在しておらず、論理的には成り立たないという主張もある（竹内 2000）。これは地球環境という人類の生存をめぐる議論の一つともなっていて、これを人類文化にあてはめるには検討が必要であるが、祭り・行事や民俗芸能の継承は、未来へという時間軸上でのことであり、その理念再考には、現在には存在しない未来世代を当然想定しなければならないといえる。

　②伝承の社会基盤・組織の再編は、文化を伝承する仕組みのことである。祭り・行事や民俗芸能には、地域社会の運営組織と連関する斎行のための祭祀組織とか、次世代の者が芸能の身体技法を習得する伝授システムなどが存在している。こうした組織やシステムは、例えば宮崎県内の神楽でみていくと、高度経済成長期である 1960 年代に「保存会」などの名称で新たな組織としての再編が進んでいる。この伝承組織・システムの再編によって神楽斎行の当事者が明確になったのであるが、それは多分に従来からの祭祀組織や伝授システムを引き継いでのものであった。

　地区ごとに祭り・行事や民俗芸能を斎行する人的連携や経済循環などが「しきたり」として継承されていて、民俗学ではこれらを「慣習」として研究対象としてきたのであるが、こうした慣習は視点を変えれば、経済学者の宇沢弘文がいう「社会的共通資本」とも

いえよう（宇沢 2000）。このように視点を変えてみると、祭祀組織や
伝授システムの今後を検討するのに、より多くの社会システムを選
択肢に加えることができるようになる。それは、後述するように祭
り・行事や民俗芸能を継承する保存会を NPO 法人化している例が
あるほか、ここでは取り上げないが継承の組織が財団法人など公益
法人となっている場合もあり、こうした任意団体ではない「保存
会」も存在するからである。

　さらに先に椎葉村を例に述べたように、地域社会の紐帯を形成し
てきた生産活動や実生活上の互助共同、さらには冠婚葬祭の共同や
相互扶助が必要なくなったり、稀薄になったりする中で、祭り・行
事や民俗芸能の斎行は住民たちの共同、相互扶助や一体感を従来に
も増して強く実感させる時空となり、これによって地域社会の維持
にきわめて重要な役割を担うと考えられるようにもなっている。こ
うした現状からは、祭り・行事や民俗芸能を地域社会持続のための
紐帯と位置づけ、これを要件の一つとして新たな社会的仕組みまで
模索できるのではなかろうか。

　③継承のコストを誰が負担するのかというのは、例えば筆者が知
る宮崎県のある神楽は、地区の鎮守社の祭りに奉納されているが、
これには舞手や楽（囃子）に加えて諸作業、賄いなどに最低でも約
50 人が必要となり、経費としては 100 万円ほどがかかるという。こ
うした人員も含めたコストは、②で述べたような従来から慣習とし
て負担するシステムが存在してきたのであるが、地区居住戸が減少
すれば必然的に居住者の負担は増加し、コスト軽減のために祭りの
規模を縮小するなどの措置が余儀なくされる。

　つまり、個々のコスト負担の増加は祭り・行事や民俗芸能の継承
に悪循環をもたらすことが予測でき、当事者の負担増をどのように

抑えていくかが大きな課題となる。宮崎県が作成した神楽ガイドブックには、他所からの見学者向けに食事の振る舞いもあることから、マナーの一つとして祝儀をあげることが明記されている（みやざきの神楽魅力発信委員会 2017）。この祝儀は見方を変えれば、他所からの見学者も神楽斎行のコスト負担を行うということであり、今後は祭り・行事や民俗芸能の斎行のコスト負担についてもより広く議論を進める必要がある。なお、京都祇園祭の山鉾連合会では、祭りの写真を商業出版などに利用する場合、写真に写る山鉾1台につき一定の負担金を求めているが、これは山鉾の管理・修理等の費用負担を外部にも求める方法といえる。似たようなことは、祭りの特色を示す用語を神社が商標登録し、この用語を商業利用する場合に使用料が必要となる例もある。

　④祭り・行事や民俗芸能の変化変容をどのように考えるのかは、先にいくつか具体例をあげながら述べたように、現行の祭り・行事や民俗芸能ならば、変化変容は継承のためにとられた措置といえ、この視点でその要因とともに捉えていく必要がある。先にあげたように宮崎県の神楽斎行では、1960年代に保存会結成が行われているが、これは後継者を従来からの特定の家筋や家の継承者（長男など）に限定していたことが後継者不足をもたらし、持続できなくなったことなどに要因がある。特定者から有志者に斎行者を変更することで、神楽継承が可能となったといえる。

　⑤継承に向けた方策決定を誰が行うかについては、祭り・行事や民俗芸能を担っている当事者がその責任を持つことはいうまでもない。ただし、地区の祭りなどは、その斎行者だけではなく、周縁で関わっている賄いや準備・片づけの人たち、神社でいえばその祭祀組織のメンバーなども関係者であり、祭り・行事や民俗芸能の当事

者は重層的あるいは併存的に存在している。意思決定の方法についても、各地区の従来からの慣行があるはずで、これを明確にしながら議論を進める必要がある。例えば、福井県美浜町の彌美神社例大祭については、今後の継承について、祭りに関わる多くの人たちが参加して意見交換会や学習会を行ったり、継承検討のための見学会などを行ったりしている（橋本 2018）。

祭り・芸能の継承に向けた取り組みの具体例　少子高齢化や地域の人口減の中で祭り・行事や民俗芸能の継承を検討するにあたり、論点をあげると前項の 5 つのようになる。これらは、筆者が何らかの形で関係してきた祭り・行事や民俗芸能と、その継承取り組みの中で考えてきたことである。こうした経験からここにあげた地域の祭り・行事や民俗芸能の継承に向けた論点はその一部を示しただけであるが、本章の目的である地域社会と行政・企業との連携による継承への取り組みをあげる前に、各地での継承取り組みの具体例を管見の範囲であげてみると次のようになる。

①　保存継承団体の法人化（NPO 法人）

例：広島県北広島町の「壬生の花田植保存会」による継承組織の再編

②　企業・団体等による多面的支援制度——地域社会・行政・企業の連携

例：長野県南信州の「南信州民俗芸能パートナー企業制度」、宮崎県「みやざきの神楽サポーター制度」という行政の取り組み

③　祭り・芸能斎行のサポーター

例：国の地域おこし協力隊、宮崎県の中山間盛り上げ隊などの活用、南信州民俗芸能ファンクラブなど

④　通いムラ人参加（ムラ人はそこの居住者だけではない）

例：宮崎県椎葉村の栂尾神楽、西都市の尾八重神楽、山梨県甲府市黒平（くろべら）の能三番（のうさんば）など

⑤　帰郷者の参加

例：沖縄県竹富町の竹富島種子取祭では各地郷友会が集団的に庭の芸能を奉納する。宮崎県椎葉村には出身者が帰郷して祭りで神楽の舞手となることへの旅費補助制度がある

⑥　移住者（Uターン・Iターン者など）の積極的参加

例：長野県阿南町の和合念仏踊り、宮崎県日之影町の大人（おおひと）神楽、西米良村の村所（むらしょ）神楽などには、Uターン、Iターン者の積極的な参加がある

⑦　公開公演による保存継承団体の活性化と新たな担い手の確保

例：広島県北広島町の「無形文化財合同まつり」、宮崎県椎葉村や日之影町などの「神楽まつり（合同公演）」（写真 11-1）、宮崎県による神楽の県外公演

⑧　祭り・行事や民俗芸能の担い手として女性の参加

写真 11-1　椎葉村の神楽継承の取り組み「神楽まつり」

⑨　後継者の育成

例：次世代を担う青年と子どもたちの積極的参加ということで、宮崎県の神楽では子どもたちだけの演目を設けるところが多い。山間地の神楽では地区の小学校教員も参加しているし、長野県阿南町新野（にいの）の雪祭りでは同地の小・中学生のほぼ全員が雪祭りの笛を習得している

　これらについては筆者はすでに本書とは別に紹介しており、ここでは上記の一覧だけに留めるが、要は様々な取り組みが各地で進んでおり、その情報や現状、取り組み成果などを共有化し、議論を深めることが必要な段階になっているのである（小川 2020a、小川 2020b）。

　以下では上の②を取り上げ、その意図や現状などについて述べていく。この紹介が本章の主目的である。

企業・団体等による多面的支援制度 ——地域社会・行政・企業の連携

　地域の祭り・行事や民俗芸能への企業・団体の支援には、メセナ活動ということができる支援があり、例えば、（公財）サントリー文化財団、（公財）ポーラ伝統文化振興財団などのように活動実績に基づいて賞・賞金の授与を行っている場合や、（公財）三菱UFJ信託地域文化財団などのように民俗芸能の公開事業への助成を行っている場合などがある。

　また、これとは別に企業による地域文化への経済的支援には、例えばふるさと納税の企業版などでも行い得るが、ここで取り上げるのは行政が独自の制度を設け、仲介者となって企業・団体が地域の祭り・行事や民俗芸能を支援する制度である。

　おそらくこうした制度を立ち上げて運用しているのは、現時点では長野県南信州と宮崎県だけであるが、全国的にも関心度が高まり

つつあるといえる。重要なことは、まず制度として継続化が図られていることである。加えて注目されるのは、長野県南信州の「南信州民俗芸能パートナー企業制度」は登録制度であり、宮崎県の「みやざきの神楽サポーター制度」は実績による認定制度であることで、両者は同じ制度ではないということである。この違いは今後、各地の自治体がこうした制度を考えるにあたり、双方の利点と欠点とが確認でき好都合であるが、制度としてはこれからの動向を見守る必要がある。

南信州民俗芸能パートナー企業制度　この制度は、長野県南信州地域振興局（当時は下伊那地方事務所）が行った南信州の民俗芸能等の保存会や地区への今後の継承に関する聞き取り調査の結果に端を発している。祭り・行事や民俗芸能が現在の態勢で、今後何年ぐらい続けられるかの見通しなどを尋ねる調査を 2014（平成 26）年度、2015（平成 27）年度に行い、この中に数日間にわたる祭りなどでは、勤務の都合で全日程の参加は難しいという答えがあった。これを発端にして企業・団体と提携して、祭りなどへ参加するための休暇をとりやすくできないかという検討が始まった。

　南信州地域振興局や飯田市など下伊那地方の市町村で組織する一部事務組合である南信州広域連合では、2027 年のリニア中央新幹線開業に向けた施策展開の中で、管内の少子高齢化と人口減対策の一つに民俗芸能等の継承が検討された。先の聞き取り調査はそのためのもので、南信州広域連合が 2015 年 3 月に策定、公表した『基本構想・基本計画（第 4 次広域計画）』では、リニア将来ビジョンの中の「守るべきもの」として生活文化に根ざした民俗芸能があげられ、これを重要な地域資源として持続することを目的とした「民俗芸能保存継承プロジェクト」の設置が決められている。

　このプロジェクトが 2015 年 7 月の南信州民俗芸能継承推進協議会（筆者はそのアドバイザーを務める）の設置で、南信州広域連合がこの協議会を主管し、これに南信州地域振興局が連携する形で民俗芸能や祭りの保存継承と活性化の事業を展開している。事業計画・事業総括を行う協議会は、民俗芸能団体、住民団体、市町村首長などで構成され、事業実施は民俗芸能団体と行政担当者で組織する南信州民俗芸能継承推進委員会が担当する。その事業内容には、⑴情報発信・継承意識の醸成、⑵人材の確保・育成、⑶外部支援の受入、⑷その他の 4 つの枠組みが設けられ、具体的には①効果的・積極的な情報発信、啓発活動の展開、②継承意識の醸成の場・発表機会等の提供、③子どもの体験促進・体験機会の提供、④青壮年層への働きかけ、⑤次世代を担うリーダーの育成、⑥地区外人材の活用・受入の促進、⑦企業等による協力体制の構築、⑧記録の保存、⑨さらに検討すべき事項という 9 つの方向性が示され、事業を企画し、実施している。

　この中の⑶外部支援の受入、⑦企業等による協力体制の構築として制度化されたのが「南信州民俗芸能パートナー企業制度」で、2016（平成 28）年 7 月から始まっている。この制度は、実施要綱の第 1 条で目的を「民俗芸能を継承するための各種取組に対し企業等の積極的参加を促進し、官民協働による民俗芸能の継承を支援する仕組みを構築することにより、南信州の民俗芸能を確実に未来へ継承することを目的とする」とし、第 4 条のパートナー企業の役割で「1　パートナー企業は、従業員がその居住地、出身地、血縁者の居住地等で実施される民俗芸能に参加することを奨励し、そのための休暇取得を促進するものとする。2　パートナー企業は、広域連合からの情報提供、支援の要請に基づき協議会等が行う民俗芸能を継

承するための各種取組に協力し、支援活動を行うと共に、これら団体との交流を積極的に推進するものとする。3　パートナー企業は、前2項に掲げる活動のほか、民俗芸能の継承を推進するため、積極的に独自の取組を実践するものとする。4　パートナー企業は、当該登録の事実を自らの広告等に活用することができるものとする」と定め、第5条では南信州広域連合の役割、第6条では長野県（南信州地域振興局）の役割を決めている。

　パートナー企業としての登録を長野県（南信州地域振興局）へ行うと、県知事から登録証が発行され、この登録に基づいてパートナー企業は南信州広域連合と協定を結んで協力や支援、サービス提供などを行うことになる。それは、南信州広域連合が管内市町村によって組織され、各市町村の状況把握ができていることに拠っている。この制度発足の2016（平成28）年7月当初は7社（団体）が登録し、2022（令和4）年3月時点では101社（団体）にもなっている。業種としては銀行や製造業、食品会社、旅館・ホテル、病院、大学、農協など多岐にわたり、その一覧は長野県庁のホームページ（南信州地域振興局）で紹介されるとともに、登録企業も自社のホームページなどでパートナー企業としての告知や協力内容を紹介している。

　協力・支援内容としては、社員・職員の祭り・行事や民俗芸能への参加のほかに、例えば大鹿歌舞伎では会場整備や来場者の駐車場整理、黒田人形芝居の奉納では記録写真の撮影（写真11-2）など様々な支援が行われている。地元への社会貢献に積極的な企業は、自社の創立50周年記念の感謝祭にいくつもの民俗芸能団体を招いて実演紹介を行っている。さらに2019（令和元）年には食品会社が新野の雪祭りや坂部の冬祭りに食品の振る舞いを行っていて、企業・団体の社員・職員による支援は確実に増えつつある。

写真 11-2　南信州民俗芸能パートナー企業制度による支援
（黒田人形の上演記録撮影打合せ）

　企業・団体の支援や協力は、祭り・行事や民俗芸能の主催者から具体的な支援希望をあげてもらい、南信州広域連合がパートナー企業にその情報を伝達して実現するという方式である。支援を行ってくれる方には、工事用の安全ベストであるビブスの背にその人が勤務する企業団体名を表示し、これを着て作業をしてもらったり、企業・団体の旗を立てたりしているが、2020（令和2）年春からの新型コロナウイルス感染症の拡大は祭り・行事や民俗芸能を中止や外部者の参加不可などとし、企業・団体による現場での協力や支援も行えない状況を生んでいった。

　民俗芸能などの現場での支援や協力に加え、パートナー企業が発行している地域情報誌や FM 放送局では、民俗芸能などに関する情報発信を行い、2019（令和元）年度からはパートナー企業からの寄付金で管内の民俗芸能カレンダーを制作し、管内の小・中学校の全児童・生徒などに配付している。なお、南信州の取り組みの全体像

と課題については、長野県（南信州地域振興局）のホームページや
Web 上の「南信州民俗芸能ナビ」に概念図、要綱、現状などが掲載
されているほか、村松弘崇や筆者も論じている（村松 2020、小川
2021）。参照願いたい。

| みやざきの神楽 |
| サポーター制度 |
宮崎県の取り組みは、その名称の通り神楽を対
象とし、前述のように企業・団体等の支援・協
力の実績に基づいてサポーターとして認証する制度で、2020（令和
2）年 12 月に制定された。こうした制度が制定された経緯は、宮崎
県では教育委員会文化財課が主管する「みやざきの神楽魅力発信委
員会」が 2013（平成 25）年度に組織され、県内神楽の現状調査と記
録・映像保存を開始したことにある。一方、知事部局総合政策部記
紀編さん記念事業推進室では 2012（平成 24）年から「神話の源流み
やざき」のブランド化としての発信事業を開始しており、その一環
で 2014（平成 26）年から県内神楽の東京公演（国立能楽堂、國學院大學
など）や大阪公演（国立文楽劇場）、奈良、神戸、福岡での公演を行っ
てきた。さらには、教育委員会文化財課と共同し神楽のユネスコ無
形文化遺産登録を目指して国の重要無形民俗文化財に指定されてい
る九州管内の 10 の神楽による「九州の神楽ネットワーク協議会」
（事務局は文化財課）を組織し、九州の神楽シンポジウム（宮崎）、全国
神楽シンポジウム（東京）を開催してきた。記紀編さん記念事業は、
神楽を加えることで県文化の次世代への継承と地域活性化をさらに
重要課題とし、文化財課のみやざきの神楽魅力発信委員会の事業と
連携しながら展開されてきた。

　神楽が取り上げられたのは、県内にはほぼ全県的に 207 の神楽継
承団体があり、うち高千穂の夜神楽、椎葉神楽、米良（銀鏡）神楽、
高原の神舞の 4 件は国の重要無形民俗文化財に指定されており、こ

れが宮崎県を代表する文化の 1 つという認識があったことによる。
筆者は 2013（平成 25）年度からの上記の県事業に関わってきたが、
この事業によって県民の神楽への関心度は高まり、中でも神楽継承
団体の将来への継承意欲が高くなったことは確実にいえる。こうし
た成果は県当局も受け止めており、記紀編さん記念事業が 2020（令
和 2）年度で終了することから神楽の継承推進を継続する施策の一
つとして、先の南信州の「民俗芸能パートナー企業制度」を参考に
して設けられたのが「みやざきの神楽サポーター制度」である。

　この制度は、現在は宮崎県総合政策部みやざき文化振興課が主管
し、実施要領の第 1 条で「県内各地において地域活力の維持に重要
な役割を果たしている神楽の継承が少子高齢化及び人口減少の進行
によって困難となりつつある中、地域の人々はもとより、行政、企
業等多様な主体が協力して神楽の継承に取り組み、もって、持続可
能な地域づくりを図るため、神楽の継承活動を支援する企業等を県
が認定する」と趣旨を説明し、第 2 条では「企業等」とは「民間企
業、団体（国及び地方公共団体を除く。）、大学及びそれらに属する支店、
支部、学部、研究グループ等」で、「神楽の継承活動」とは「神楽の
催行はもとより、神楽の催行に係る打合せ、練習、準備、賄い、振
る舞い、後片付け等神楽の継承に資する一切の活動」と定義してい
る。そしてサポーターの認定については、第 3 条で認定要件として
の活動内容を明記している。要件は次の 5 件で、このうちの 2 件を
すでに行っているか、1 件を行い認定後にさらに 1 件を行うことを
条件としている。

⑴　従業員等が神楽の継承活動に参加し、又は神楽の継承活動を
　　支援し、若しくは神楽を鑑賞するための休暇取得の奨励、勤務
　　時間の変更等の労働環境の整備

(2)　中山間盛り上げ隊（「中山間盛り上げ隊」隊員募集要領〈平成 21 年
　　5 月 1 日付け宮崎県中山間・地域政策課定め。〉に規定する「中山間盛り上
　　げ隊」をいう。）として登録され、従業員等がその隊員として行
　　う神楽の継承活動の支援

(3)　授業、研究又は課外活動の一環として行う神楽の継承活動の
　　支援

(4)　地域の礼儀慣習に従った神楽の鑑賞

(5)　前 4 号に掲げるもののほか、神楽の継承に資すると認められ
　　る活動

　認定要件としては、これらのほかに「企業等が神楽の継承を目的
として県が実施する事業の経費の一部に充てるため、県に総額 100
万円以上の寄附を行った場合」もあげられ、県担当課ではホーム
ページ上で要領を示し、認定要件としての活動内容をさらに具体的
に列記して応募を促している。サポーターの認定は県知事名で行わ
れ、その期間は 3 年とされていて、2020（令和 2）年 3 月の第 1 回目
では 8 社（団体）が認定されている。例えば、椎葉村栂尾の出身者が
経営する東京都葛飾区にある企業は、従業員 3 人（いずれも栂尾出身）
を神楽斎行に派遣、西都市銀鏡の NPO 法人東米良創生会は銀鏡神
楽の斎行を支援、東京、大阪、北九州の 3 社はそれぞれ 100 万円の
寄付による認定である。これらは県ホームページ上に公開されてい
るが、サポーター企業からの寄付は 2021 年 12 月 26 日に東京都渋
谷区にある国立能楽堂での「高千穂の夜神楽」公演などの費用にあ
てられた。

　ここにあげた長野県南信州と宮崎県の祭り・行事や民俗芸能と行
政・企業との連携制度は、自治体が主管することで成り立っている
といえる。南信州のパートナー企業制度では、登録企業・団体は

100 を超えており、認知度が高まりつつあるが、今後の課題は登録企業団体からの支援などの実質化である。内容的には多岐にわたっているものの、企業・団体側としては何をどうしたらいいのか模索が続いており、祭り・行事や民俗芸能の団体あるいは地区からの積極的な支援要望が待たれるところである。いっぽう、宮崎県のサポーター制度は、始まったばかりであるが、企業・団体などからの実績を踏まえた積極的な応募が待たれるところで、当面は県担当課からの呼びかけが必要となるなど、具体的な課題は少なくない。

　両者は行政主導の祭り・行事と民俗芸能の継承と活性化を目的とした支援制度で、今までにない新しい方式といえよう。これらが今後どのような成果をもたらすかを見守りながら、より実効をあげるための検討を続けなければならないが、いっぽうでは企業・団体の評価に地域貢献や社会貢献が重要となる社会通念の醸成や施策も必要となる。個性ある地域文化をいかにして未来に受け継ぐかは、文化財保護だけの課題ではないはずで、地域文化をいかに考え、位置づけていくのかのパラダイムの確立、再編が喫緊の課題となっている。

●参考文献

宇沢弘文　2000『社会的共通資本』岩波新書

大島暁雄　2006「無形の民俗文化財の保護について——特に、昭和 50 年文化財保護法改正を巡って」『國學院雑誌』107 巻 3 号（後に大島暁雄『無形民俗文化財の保護——無形文化遺産保護条約にむけて』2007 年、岩田書院に収録）

大野晃　2005『山村環境社会学序説——現代山村の限界集落化と流域共同管理』農山漁村文化協会

小川直之　2020a「無形民俗文化財をどう継承するか」國學院大学研究開発推進機構学術資料センター編『文化財の活用とは何か』六一書房

小川直之 2020b「『民俗芸能』を継承する各地の取組」『文化遺産の世界』Vol. 37

小川直之 2021「『南信州民俗芸能継承推進協議会』の取組と課題」『民俗芸能研究』70 号

小田切徳美 2014『農山村は消滅しない』岩波新書

鈴木正崇 2021『女人禁制の人類学　相撲・穢れ・ジェンダー』法蔵館

竹内昭 2000「もう一つの〈世代間倫理〉の試み──環境倫理学の一基本問題の考察」『法政大学教養部紀要　人文科学編』112 巻

橋本裕之監修、中村亮編 2018『里山里海湖ブックレット　明日の例大祭を考える──福井県三方郡美浜町の彌美神社例大祭をめぐる活動記録』福井県里山里海湖研究所

牧野修也編 2021『変貌する祭礼と担いのしくみ』学文社

増田寛也編著 2014『地方消滅　東京一極集中が招く人口急減』中公新書

みやざきの神楽魅力発信委員会編 2017『みやざきの神楽ガイド──その歴史と特色』鉱脈社

村松弘崇 2020「南信州地域における民俗芸能継承の取り組み」国立文化財機構東京文化財研究所無形文化遺産部編『第 14 回無形民俗文化財研究協議会報告書　無形文化遺産の新たな活用を求めて』東京文化財研究所

柳田國男 1913「郷土誌編纂者の用意」『郷土研究』2 巻 7 号（後に『郷土誌論』に収録、『柳田國男全集 27』所収、ちくま文庫）

山下祐介 2012『限界集落の真実──過疎の村は消えるか？』ちくま新書

米山俊直 1974『祇園祭』中公新書

コラム 10　登録無形民俗文化財とその幅広く緩やかな保護に向けて

（藤原　洋）

　2021（令和3）年4月、文化財保護法の一部が改正され、無形の民俗文化財に登録制度が新しく設けられた。この登録制度がどういうもので、今後は、民俗文化財を取り巻く保護制度がどのように変わっていくのだろうか。その概要について、ここでは私見を述べてみたい。

　そもそも無形の民俗文化財とは何なのか。文化財保護法では、「衣食住、生業、信仰、年中行事等に関する風俗慣習、民俗芸能、民俗技術」としており、「国民の生活の推移の理解のため欠くことのできないもの」と定めている。わかりやすくいえば、私たちの生活文化のうちで、先人から受け継いできた行為、知識、観念などのいわゆる形のないものを保護の対象としている。これらの無形の民俗文化財は、これまでは指定と選択という2つの制度で保護されてきた。ところが今回の法改正により、新しく登録無形民俗文化財の登録制度ができることになり、同年9月には、早くも第1号登録が告示され、民俗技術として「讃岐の醬油醸造技術」と「土佐節の製造技術」の2件が登録となった。

　まずは、今回の法改正が行われた背景について振り返っておきたい。今回の法改正に先立って、文化庁の専門機関である企画調査会では、次のような近年の文化財を取り巻く社会状況の変化が指摘された。そこでは、生活文化、例えば、食文化や茶道、華道、書道などの保存や活用に対する機運が高まってきており、いっぽうで、過疎化や少子高齢化で地域の衰退が懸念される中で伝統や文化の消滅の危機が考えられ、また、近年の新型コロナウイルス感染症の感染拡大で、地域の祭りや行事などにも存続への影響がでていることを述べている。そこで、文化財としての価値づけが定まっていない分野や、歴史が浅く学術的な蓄積が不十分な文化財に対して、その特性に応じた保存と活用を図る必要があることが指摘された。以上の理由から、現行の指定制度を補完し、幅広く保存と活用を図るための制度として、無形の民俗文化財に登録制度が創設されることになったのである。

　さて、今回の改正法で登録の対象になるのは、どういった無形の民俗文化財なのか。文化財保護法が定めるのは、重要無形民俗文化財と地方公共団体の地方指定を除いたもので、その文化財としての

価値に鑑み、保存と活用の措置が特に必要なものとしている。また、その登録基準では、無形の民俗文化財のうち、次の4つの基準のいずれかに該当するものと定めている。つまり、①基盤的な生活文化の特色を有するもの、②発生若しくは成立又は変遷の過程を示すもの、③地域的特色を示すもの、④時代の特徴をよく伝えているもの、以上のいずれかである。ここには、指定基準にみられた「特に重要なもの」といった記載がなく、緩やかな基準となっている。また、④で「時代の特徴をよく伝えているもの」とあるように、これまでの指定制度では保護が難しかった比較的新しい時代のものも対象となる。例えば、明治時代以降に発生、成立したような祭りや行事などの保護も今後は期待できるだろう。登録制度では、保存や活用に対する国の関わり方がこれまでの指定制度よりも緩やかで、地域の保存会などの担い手が自由度を持って継承に取り組めるようになっている。そのための支援では、保存や活用に必要な経費を国が補助できる。具体的な事業としては、解説書等の冊子を作成したり、保護していくための保存活用計画が策定できる。また、後継者の育成や記録作成などの事業にも補助が受けられるようになっている。

　最後に、現行の選択制度とどう違うのかを述べておきたい。文化財保護法では、無形の民俗文化財のうち特に必要のあるものを選択し、記録を作成して保存や公開を行ってきている。この選択制度は、記録を作成して後世で参照するような一過性のものである。いっぽうで登録制度は指定制度と同じように、保存や公開をするうえで国が規制や補助を行い、継続的な保護を図るものである。この二極的な保護が必要となるのは、無形の民俗文化財は私たちの生活とともにあり、時代とともに変化する性質を持つからである。この中には、安定した形で伝承されるものばかりではなく、変化しやすいものもある。そこで選択制度では、過疎化や少子高齢化などで継続的な保護が難しく、記録作成の必要が求められる場合などにも運用されてきた。持続的な保護だけでなく、変化していく民俗を文化財として後世に伝えていくことも重要な役割といえるからである。このように無形の民俗文化財には、それぞれふさわしい保護のあり方を見定めることが重要となる。今後は、指定と選択に登録を新たに加えた3つの制度から、各々の特性を活かした保護に努めていくことになるだろう。

執筆者一覧

石垣　悟　　國學院大學観光まちづくり学部准教授
　　　　　　　元文化庁文化財第一課文化財調査官
　　　執筆担当：1章、コラム3、コラム9

谷部　真吾　　山口大学人文学部教授、山口県文化財保護審議会委員
　　　執筆担当：2章

清水　博之　　茨城キリスト教大学文学部特任准教授
　　　　　　　とやまのユネスコ無形文化遺産記録保存事業委員
　　　執筆担当：3章

伊藤　直子　　男鹿市教育委員会教育総務課主幹兼生涯学習班長
　　　　　　　前男鹿市文化スポーツ課主幹
　　　執筆担当：4章

相川　七瀬　　國學院大学神道文化学部、歌手
　　　執筆担当：5章（pp. 86〜95）

石堂　和博　　南種子町教育委員会社会教育課学芸員（文化財担当）
　　　　　　　宝満神社赤米お田植え祭り保存会会員
　　　執筆担当：5章（pp. 83〜86、pp. 95〜103）

矢田　直樹　　滋賀県文化財保護課副主幹
　　　執筆担当：6章

高橋　史弥　　フリーランスライター
　　　　　　　元福井県教育庁生涯学習・文化財課学芸員
　　　執筆担当：7章

久野　隆志　　福岡県九州国立博物館・世界遺産室参事補佐
　　　　　　　宮若市文化財保護委員会委員
　　　執筆担当：8章

原島　知子　　鳥取県文化政策課係長
　　　　　　　前鳥取県文化財課文化財主事（民俗文化財担当）
　　　執筆担当：9章

小林　稔　　國學院大學観光まちづくり学部教授
　　　　　　前文化庁文化財第一課主任文化財調査官
　　　執筆担当：10章、コラム7

小川　直之　　國學院大學文学部教授、柳田國男記念伊那民俗学研究所長
　　　執筆担当：11章

後藤　知美　　国立文化財機構文化財防災センター研究員
　　　　　　　元埼玉県教育局生涯学習文化財課指定文化財保護担当
　　　　　　　（現・文化資源課指定文化財担当）
　　　執筆担当：コラム1

松本　貴文　　國學院大學観光まちづくり学部准教授
　　　執筆担当：コラム2

俵木　悟　　成城大学文芸学部教授
　　　　　　東京文化財研究所無形文化遺産部客員研究員
　　　執筆担当：コラム4

福持　昌之　　京都市文化市民局文化財保護課主任・文化財保護技師
　　　　　　　京都市立芸術大学日本伝統音楽研究センター研究会研究員
　　　執筆担当：コラム5、コラム8

嵩　和雄　　國學院大學観光まちづくり学部准教授
　　　　　　NPO法人ふるさと回帰支援センター理事
　　　執筆担当：コラム6

藤原　洋　　文化庁文化財第一課文化財調査官
　　　執筆担当：コラム10

編著者略歴

石垣　悟（いしがき　さとる）

1974 年秋田県秋田市生まれ。
筑波大学大学院歴史人類学研究科退学後、新潟県立歴史博物館研究員、
文化庁文化財第一課文化財調査官、東京家政学院大学現代生活学部准
教授を経て、現在、國學院大學観光まちづくり学部准教授。静岡県文
化財保護審議会委員、富山県文化財保護審議会委員なども務める。
専門は、民俗学、博物館学、文化財保護論。
著作に、『日本の民俗 4　食と農』（共著・吉川弘文館 2009）、『来訪神
仮面・仮装の神々』（共著・岩田書院 2018）、『日本の食文化 5　酒と
調味料、保存食』（編著・吉川弘文館 2019）、『来訪神ガイドブック』
（監修・来訪神行事保存・振興全国協議会事務局 2021）などがある。
2003 年度日本民俗学会研究奨励賞、2019 年度日本博物館協会棚橋賞。

まつりは守れるか
——無形の民俗文化財の保護をめぐって

2022 年 9 月 26 日　第 1 版第 1 刷発行
2023 年 4 月 10 日　第 1 版第 2 刷発行

編著者―石 垣　悟
発行者―森口恵美子
印刷所―美研プリンティング
製本所―グリーン
発行所―八千代出版株式会社

〒101
-0061　東京都千代田区神田三崎町 2-2-13

TEL　03-3262-0420
FAX　03-3237-0723
振替　00190-4-168060

＊定価はカバーに表示してあります。
＊落丁・乱丁本はお取替えいたします。

ISBN978-4-8429-1837-2　　　　©S. Ishigaki et al., 2022